LE MATCH PARFAIT

Données de catalogage avant publication (Canada)

Paré, Louise, 1952-

  Le match parfait

  ISBN 2-89089-611-0

  1. Amours. 2. Couples. 3. Bonheur. 4. Solitude.
I. Asselin, Catherine P., 1948- . II. Titre.

HQ801.P37 1994   306.73'4   C94-940448-9

LES ÉDITIONS QUEBECOR INC.
7, chemin Bates
Bureau 100
Outremont (Québec)
H2V 1A6
Téléphone : (514) 270-1746

Copyright © 1994 ; Les Éditions Quebecor,
Louise Paré et Catherine P. Asselin, T.S.P.
Dépôt légal, 2e trimestre 1994

Bibliothèque nationale du Québec
Bibliothèque nationale du Canada
ISBN : 2-89089-611-0

Éditeur : Jacques Simard
Coordonnatrice à la production : Dianne Rioux
Conception de la page couverture : Bernard Langlois
Révision : Solange Tétreault
Correction d'épreuves : Jocelyne Cormier
Infographie : Composition Monika, Québec

LOUISE PARÉ ET CATHERINE P. ASSELIN

LE MATCH PARFAIT

Les Éditions Quebecor

Table des matières

Remerciements

À tous nos collaborateurs et toutes nos collaboratrices qui, de près ou de loin, nous ont aidées à réaliser ce livre.

Au Groupe Zennor qui n'a cessé de nous encourager tout au long de la démarche.

À Lise Larivière dont les idées et la rigueur ont été une excellente source d'inspiration.

À Armand Guilmette qui a nourri nos idées des «bons mots» pour le dire.

À vous tous, Solange, Diane, Camille, Nicole, Michel et les membres des comités de promotion à Québec et à Montréal, sans qui il eût été impossible de mener à terme notre projet.

À tous ceux et celles qui ont participé aux sessions «Le Match Parfait» et qui ont permis de raffiner et de valider la démarche.

Nous disons merci, et c'est bien peu.

Avertissement

Ce livre s'adresse aux personnes (homme et femme) qui désirent sortir de leur solitude, celle de leur célibat ou de leur vie de couple, pour établir une relation amoureuse durable où il sera enfin possible de vivre à deux dans le bonheur.

Il ne veut être ni un traité de psychologie ni un livre de recettes magiques, et il n'a pas la prétention de couvrir toutes les dimensions inhérentes à la richesse d'être des personnes et de leurs relations. Par contre, il peut servir de guide pratique à une identification concrète de plusieurs dimensions de notre personnalité qui interfèrent, souvent à notre insu, dans le choix du type de partenaire que nous faisons ou dans le type de relation que nous établissons.

Cette recherche, à la fois inspirée d'expériences cliniques, de nombreuses lectures, de réflexions personnelles et de groupes, trouve son aboutissement et sa forme dans la démarche que nous vous proposons. Conçue pour amener le lecteur à jeter un regard approfondi sur lui-même, cette démarche requiert de l'honnêteté, de la persévérance et un certain courage.

À cette fin, nous vous invitons à assumer votre propre démarche autodidacte à l'aide des outils fournis. Dans le confort et l'intimité de votre foyer, laissez-vous guider, pas à pas, vers le match parfait.

De façon progressive et systématique, ce volume vous permet de mettre en lumière les pièges et les illusions de votre passé amoureux et il vous guide dans l'élaboration d'une équation amoureuse parfaitement adaptée à votre réalité. En somme, il vise à vous aider à mettre un terme à tous les «embarquements» amoureux sans destination.

Afin de rendre le texte plus léger, les auteures ont employé le genre masculin, laissant à chacun le soin de le transposer selon ses besoins.

La forme du «je», utilisée dans le texte, a été choisie pour permettre au lecteur ou à la lectrice de mieux s'approprier la démarche. Cependant, nous lui laissons aussi la liberté et la responsabilité d'exercer son propre jugement critique quant à la pertinence des énoncés pour lui. Nous lui suggérons aussi d'aller à son rythme et l'encourageons à aller plutôt lentement que trop rapidement, dans le but de prendre un certain recul lorsque c'est nécessaire et de permettre l'intégration des prises de conscience.

Introduction

Aujourd'hui, la dislocation des valeurs sociales a eu des conséquences multiples et souvent opposées. D'un côté, l'incapacité de l'individu à gérer sa vie de couple a amené l'éclatement des familles ; de l'autre, une certaine publicité outrée, idéaliste, fallacieuse a projeté l'image du couple parfait, de personnages riches, beaux, célèbres, vivant des existences passionnées, sans embûches ni tensions.

Le siècle qui a créé les techniques de communication a aussi, paradoxalement, contribué à isoler les hommes entre eux, voire l'individu d'avec lui-même. Les contacts, devenus plus faciles et plus rapides, ont mis au grand jour l'impuissance de chacun à écouter, à saisir la parole de l'autre en toute objectivité. On ne communique presque plus verbalement : tout est confié à la machine. Et quand on parle, on a tendance à imiter celle-ci dans sa façon hâtive, impérieuse d'émettre son message.

Or, rien n'est plus aliénant, plus désastreux qu'un manque de dialogue, qu'une conversation à sens unique. Les individus, dans la vie courante, dans les couples surtout, l'expérimentent de plus en plus. Ils se sentent isolés malgré le flot d'informations de tous genres qui les assiègent. Débordés de partout, ils ont perdu le goût et la capacité de communiquer. On n'a qu'à constater, pour s'en convaincre, les mésententes qui prolifèrent dans les milieux de travail quels qu'ils soient, et la multitude de divorces qui affligent la société, transformant les couples en familles monoparentales, c'est-à-dire en fragments solitaires.

Pour terminer le tableau qui dessine cette descente vers la solitude, remarquons que plusieurs individus, par ailleurs, vivent célibataires, tout près d'un million au Québec, selon les données de Statistique Canada pour l'année 1991. Ils se répartissent en plusieurs groupes: ceux qui aiment leur solitude pour diverses raisons; ceux qui, malgré leurs tentatives, sont contraints de vivre des relations superficielles ou de courte durée; d'autres, enfin, qui tentent d'investir dans une relation qu'ils voudraient durable, mais qui, pourtant, se solde trop souvent par un échec. Or, que ce soit par la force des choses ou parce que nous le décidons ainsi, le résultat est le même: l'isolement.

Qu'est-ce à dire? Qu'est-ce qui nous empêche d'obtenir ce que nous voulons avec les autres? Quels obstacles nous rendent incapables d'établir des relations saines, adéquates et permanentes avec les gens que nous connaissons ou avec ceux que nous côtoyons pour la première fois? En outre, pourquoi avons-nous toujours tendance à reproduire les mêmes scénarios en abordant autrui? Y a-t-il possibilité que nous puissions rencontrer, un jour, un partenaire à notre mesure? Le bonheur à deux, un mythe ou une réalité?

La réponse à ces questions nous appartient. Elle consiste à nous connaître nous-mêmes pour que nous puissions nous libérer des pièges qui nous paralysent au moment d'établir ou de vivre une relation. Par exemple, il se peut que nous soyons portés à faire des choix de partenaire ou à établir des types de relation qui nous conduisent inévitablement dans un cul-de-sac, qui se répète d'une fois à l'autre.

C'est dire que nous voir comme nous sommes exige un regard sur notre vie passée et présente. Cela requiert aussi que s'opère une remontée dans notre temps à nous, jusqu'au nid familial, car c'est là que tout a réellement commencé. Mais nous ne ferons pas ce pèlerinage, ce voyage un peu spécial, tout seul. Les auteures vous assurent d'un support de questionnement et d'outils pour vivre ce cheminement, support dans lequel vous retrouverez des balises à partir desquelles vous serez amené, en tant qu'homme ou femme, à réfléchir sur certaines étapes, sur certaines situations relationnelles passées, particulièrement difficiles, dont les effets se font sentir encore aujourd'hui.

En outre, qui dit conscience de soi, suppose en même temps son contraire, l'inconscience : une zone grise que nous n'avons jamais explorée sérieusement, que nous avons peut-être ignorée toute notre vie. Les points aveugles qu'elle dissimule influencent nos jugements et nos comportements, et cela, à notre insu. Même si nous pensons nous connaître, nous pouvons sentir que quelque chose que nous ne comprenons pas achoppe dans nos relations.

La démarche que nous proposons va permettre l'examen des mécanismes de notre personnalité et de certains de ses rouages grinçants, c'est-à-dire ceux qui nous empêchent d'être ce que nous voulons dans notre vie amoureuse et d'obtenir ce qui nous semble conforme à nos besoins. Une fois les éléments troubles identifiés, il nous sera possible de redéfinir progressivement nos besoins fondamentaux et de nous fixer des objectifs relationnels qui coïncident avec notre réalité.

Nous connaître, c'est donc percer le voile qui recouvre ce que nous ignorons de nos faiblesses ou ce que nous n'osons pas nous avouer à nous-mêmes. Percer le voile, c'est explorer le chemin que nous avons parcouru depuis notre naissance jusqu'à présent. À travers les obstacles de notre cheminement, nous pouvons ainsi nous frayer une voie pour bâtir notre profil personnel. C'est en sachant qui nous sommes que nous pourrons identifier nos valeurs, découvrir nos besoins et ainsi mieux savoir ce que nous voulons et ce qui nous convient.

Ce que nous voulons et ce qui nous convient, voilà ce qui constitue, en réalité, notre idéal amoureux : voilà ce sur quoi nous allons nous pencher dans les pages qui suivent.

Pour éviter de vous égarer en cours de route, pour ne pas perdre de précieuses informations et pour vous assurer de faire les liens et de tirer les conclusions qui s'imposent, les auteures vous proposent un mécanisme progressif et cumulatif de cueillette et d'analyse de données. Empruntant au code de la route le concept des feux rouges, des feux verts et des feux jaunes, les auteures vous invitent à prendre le temps de consigner vos découvertes et vos conclusions à chaque chapitre. En suivant rigoureusement cette démarche, vous compilerez, sans trop de difficultés, toutes les données nécessaires pour réaliser le match parfait.

Les feuilles intitulées « Mes feux rouges » que nous associons à la notion de danger, ont été conçues pour recueillir tout ce qui constitue vos plus grands pièges et vos plus grandes illusions en amour. Les feuilles intitulées « Mes feux verts » ont été élaborées de manière à permettre à chacun de tracer progressivement un portrait détaillé du partenaire idéal et de la relation idéale. Enfin, les feuilles intitulées « Mes feux jaunes » vous permettent de consigner toutes les mises en garde et les conseils pratiques qui s'imposent pour augmenter vos chances d'atteindre et de vivre votre idéal amoureux sans tomber dans les mêmes vieux pièges relationnels.

I

Mon idéal amoureux

A. Moitié de moi-même, qui es-tu ?

Avant de parcourir le globe à la recherche du partenaire idéal, il importe, dans un premier temps, de clarifier ce que signifie pour moi un partenaire idéal. Quels sont les critères qui guident mon choix ? S'agit-il de certaines caractéristiques particulières comme le physique, l'éducation, l'âge, l'indépendance financière, etc. ? Ou encore de qualités personnelles comme la tendresse, la douceur, la force de caractère, la sincérité ?

Certes, la notion d'idéal amoureux n'est pas la même pour tous. Et ce qui n'est pas sans compliquer les choses, elle comprend non seulement le type de partenaire désiré, mais aussi le genre de relation amoureuse que je veux vivre en tant qu'homme ou femme. Autrement dit, j'aime tel individu parce que je l'ai rencontré l'autre soir à un party. Le souvenir que je garde de cette rencontre me grise. «Je ne prévois aucun problème dans ma relation avec lui. Il est gentil.» J'oublie que nous avions tous deux ingurgité notre quote-part de consommations, ce qui facilitait les choses. Nous étions partis pour «tomber en amour», mais l'air sec à l'extérieur, à la fin de la soirée, nous a ramenés sur terre. Chacun vit l'autre un peu différemment, ce qui pourtant ne nous empêche pas d'avoir aimé ce premier contact. L'équation amoureuse cependant est loin d'être acquise.

La difficulté consiste précisément, pour moi, à avoir une juste perception de ce qui me convient dans les deux cas. Car ce que j'affirme, est-ce bien réel par rapport à ce que je suis aujourd'hui, ou n'est-ce pas plutôt le reflet de tout le bagage héréditaire de mon vécu, des influences de mon entourage? Il importe de voir clair en moi, pour faire un choix qui soit le plus durable possible et le plus conforme à mes besoins et à mes attentes réelles.

À travers la démarche qui m'est proposée, plus je définis qui je suis et ce que je veux comme type de partenaire et comme type de relation amoureuse, plus j'augmente mes chances d'approcher de mon idéal amoureux.

B. Mon autoportrait

Pour l'instant, ce qui importe c'est d'esquisser les grandes lignes de mon profil amoureux, c'est-à-dire des traits personnels qui me caractérisent dans mes relations amoureuses. Qu'est-ce qui, spontanément, me vient à l'esprit quand je pense «relation amoureuse»? Y a-t-il plus d'empêchements que de facteurs facilitant à priori? Quelles sont mes peurs, mes illusions, les difficultés qui reviennent sans cesse ? Quel est le bon côté qui me caractérise dans une relation ? Qu'est-ce que tout mon être recherche d'abord chez l'autre ? Qu'est-ce qui, chez moi, peut donner satisfaction à un partenaire ?

Il s'agit d'établir un bilan provisoire, brut, de mes tendances en la matière, mais aussi de mes richesses intérieures et extérieures quant à l'entreprise délicate qu'est le choix d'un partenaire et de ma relation avec l'autre. J'ai de la difficulté à garder un partenaire? Il est important que j'en trouve la raison. Je pense souvent que je ne serais pas choisi advenant une rencontre? Pourquoi? Je suis seul sans le vouloir vraiment? Il y a des causes à cette situation. Quelles sont-elles? Pourquoi ai-je aussi tendance à choisir toujours le même type de personne? Cela est dû à mes goûts? mes attirances? mes faiblesses? mes peurs inavouées? Ai-je de la méfiance ou trop de naïveté? Suis-je pessimiste ou porté à voir tout en rose ? Mes avantages, peut-être que je ne les exploite pas assez ? Peut-être aussi ai-je un gros défaut qui me les voile ? Comme mes plus importantes ressources sont peut-être à découvrir, c'est à leur mise en évidence que je dois travailler d'abord, quitte à en raffiner les contours au fil de la démarche.

Ai-je déjà tenté d'esquisser mon portrait amoureux ? À la manière d'un coroner qui dissèque le corps humain pour découvrir la cause fondamentale d'un décès, je procède moi aussi à l'autopsie de mes amours. Peut-être vais-je y découvrir des éléments de réponse ou d'information importants sur moi-même. Je lis chacune des questions suivantes et tente d'y répondre le plus spontanément et le plus franchement possible.

Ma plus grande préoccupation au plan de la relation amoureuse est :

Ce qui d'après moi fait que je suis seul ou me sens seul :

_____

_____

Je me décris particulièrement comme :

_____

_____

Les raisons qui, à mon avis, font que je ne serais pas choisi :

_____

_____

Si je n'arrive pas à trouver le partenaire ou à m'engager dans une relation, c'est parce que :

_____

_____

Ma plus grande satisfaction dans une relation amoureuse est :

_____

_____

Ma plus grande peur à entrer en relation amoureuse est :

_____

_____

Je peux identifier le moment critique où mes relations flanchent :

_____

_____

Dans mon cheminement amoureux, je constate qu'il y a des constantes à propos du :

_____

_____

— Type de personne que je choisis :

_____

_____

— Type de comportement que je développe :

_____

_____

— Type de réaction du partenaire :

_____

_____

Je suis prêt à :

_____

_____

Ma motivation à chercher ou à vivre avec un partenaire est :

_____

_____

Je viens d'esquisser les premiers grands traits de ma physionomie amoureuse. Une fois que j'aurai terminé l'ensemble de la démarche, il se pourrait que je découvre d'autres dimensions qui viendront enrichir ma perception de moi-même. Je pourrais alors venir remplir ou modifier mes premiers énoncés.

C. Les pièces du casse-tête amoureux

«Je vis ma vie. Tu vis ta vie.

Je ne suis pas venu au monde pour répondre à tes attentes, et tu n'es pas venu au monde pour répondre à mes attentes.

Tu es toi, je suis moi.

Et si par hasard nous nous rencontrions, comme ce serait bon. »

Fritz Perls

Être moi-même et choisir un partenaire qui correspond à ma réalité, telle est la meilleure garantie du succès en amour. Vivre une relation selon ce principe permet des échanges spontanés et confiants et invite à la même chose chez le partenaire.

Ce serait merveilleux si je parvenais, d'instinct, à bâtir une relation amoureuse à l'image de ce que je suis. J'obtiendrais alors l'équation parfaite! Car j'aurais découvert la perle rare qui correspond en tous points à ce que je suis. Hélas! la réalité n'est pas aussi simple! Souvent, mes attirances premières m'ont trompé et m'ont fait choisir un type de partenaire ou établir un type de relation voué à l'échec au départ.

La transparence, idéalement réciproque, c'est-à-dire, me voir, moi, comme je suis et le partenaire se percevoir aussi comme il est, favorise la connaissance des éléments de la structure de base de chacun. Plus je me regarde, plus j'écoute l'autre, plus je peux identifier, chez lui, des caractéristiques qui correspondent à mes propres besoins. Parmi celles-ci, certaines sont plus importantes que d'autres. Je dois les dégager et m'en servir pour consolider le bilan que je prépare et ainsi assurer le succès de ma démarche continue.

Mon succès est directement relié à ma capacité d'élaborer une équation juste entre la personne que je suis et le type de relation amoureuse que j'établis.

D'une part, je ne peux nier que mon savoir, c'est-à-dire tout ce que j'ai appris de mes parents, de la société, de l'école, de mes expériences de vie dictera en grande partie le choix de mon partenaire et aussi le genre de relation amoureuse que je voudrai établir. D'autre part, les habiletés et les aptitudes que j'ai acquises ou développées au cours des années, c'est-à-dire mon savoir-faire, se traduiront dans ma capacité de communiquer, de négocier, de traiter les situations de conflit, de partager les tâches et les responsabilités. Combien de relations se sont brisées parce qu'un des deux partenaires n'avait aucune aptitude à la communication, demeurait muet comme une carpe ou blessait l'autre, souvent sans s'en rendre compte. De même, mes relations amoureuses sont grandement influencées par mon savoir-être, c'est-à-dire mes valeurs, mes attitudes, mes intérêts, mes goûts et mes traits de personnalité qu'on associe souvent à des défauts ou à des qualités. Ces aspects de mon être m'amènent très souvent à jouer des rôles dans mes relations, à privilégier un certain style de vie, à développer des affinités ou des aversions pour certaines personnes. Elles conditionnent aussi fortement ma façon de vivre l'intimité ainsi que les règles du jeu que je veux imposer dans les relations. En dernier lieu, mes besoins ont un impact considérable sur mes motivations à entrer en relation amoureuse et sur ce que je cherche chez un partenaire et dans une relation.

Si j'examine le tableau de l'équation de la personne dans une relation amoureuse, tableau que je peux lire dans un sens comme dans l'autre, je me rends compte que mon savoir, mon savoir-faire, mon savoir-être et mes besoins jouent un rôle déterminant dans le choix d'un partenaire et dans le type de relation que j'établis.

Équation de la personne
dans une relation amoureuse

Personne	Relation amoureuse
1. SAVOIR	
Connaissances	Type de partenaire
Expériences	Genre de relation amoureuse
2. SAVOIR-FAIRE	
Habiletés	Communications
Aptitudes	Négociation
	Partage/Support
3. SAVOIR-ÊTRE	
Valeurs	Rôles
Attitudes	Style de vie
Intérêts, goûts	Règles de fonctionnement
Qualités, traits de personnalité	Affinités
	Complémentarité
	Engagement
	Implication
4. BESOINS	
De base	Sécurité physiologique, financière, affective, émotionnelle, mentale
D'actualisation	Identification à un modèle
De réalisation	Développement, estime de soi, aspirations

Il s'agit là d'un survol rapide de l'ensemble des éléments de ma personne qui ont un impact direct sur ma vie amoureuse. Mais déjà je suis en mesure de constater que le casse-tête amoureux comporte une multitude de facettes toutes aussi importantes les unes que les autres.

S'il est vrai que le succès de mes relations repose sur ma capacité d'être parfaitement moi-même, ne serait-il pas préférable, avant de donner libre cours à mes attirances premières, de prendre un temps de pause pour découvrir qui je suis vraiment? Quels sont les aspects de moi qui interfèrent et colorent inconsciemment mes choix et mes relations? C'est à cette question que je pourrai répondre tout au long de ce volume. C'est donc dire que j'arrêterai mon regard sur la première partie de l'équation, celle qui me concerne comme personne.

D. Miroir, miroir, dis-moi qui j'attire

Il se peut qu'au premier contact je crée chez l'autre une impression qui ne correspond pas ou peu à qui je suis; ce que je montre de moi, spontanément, et souvent même en dehors de ma conscience, peut attirer des personnes qui ne me conviennent pas. Cette première perception, c'est ce que nous appelons l'impact.

L'impact, c'est donc l'impression initiale que je crée ou que je perçois. Il résulte d'une foule de petits détails comme les gestes, les paroles, le ton de la voix, l'apparence physique, le regard, l'habillement. Combien de fois n'ai-je pas entendu: «Ah, à première vue, cette personne me plaît!» ou le contraire: «Non, ce n'est pas mon genre!» L'impact tend donc, d'emblée, à concrétiser dans mon esprit l'image que j'ai d'une personne ou celle que je dégage, même si cette image est différente de la réalité.

Il faut peut-être se méfier de cette réaction spontanée. Si je reconnais l'impact que généralement je produis, je peux le modifier et le rendre davantage conforme à ce que je suis réellement et au type de personne que je veux attirer. En effet, de prime abord, je puis attirer des personnes qui ne me conviennent pas ou en repousser d'autres qui pourraient être d'excellents partenaires pour moi.

J'aurais aussi probablement avantage à aller au-delà de l'image que je perçois chez les autres. Derrière une première impression se dissimulent peut-être des qualités, des caractéristiques que je n'ai pas vues. De la même façon, l'évaluation que je fais de l'autre dépasse-t-elle ma première impression?

L'importance du premier contact se fonde sur le processus de la perception. Dans toute communication, verbale ou non, il y a un émetteur et un récepteur. En tant que récepteur, je puis me tromper dans ma perception du message: deux personnes témoins d'un même événement ne retiennent pas nécessairement les mêmes détails. Et si c'était les mêmes détails, elles ne leur donneraient pas nécessairement le même sens. Ainsi, tant pour l'émetteur que pour le récepteur, il y a possibilité d'erreurs, volontaires ou non, en raison de la multitude d'interprétations possibles et du sens que chacun accorde à ce qu'il voit, entend et ressent.

Bref, la perception est propre à chaque individu. Elle lui fait modifier la réalité telle que ses besoins la voudraient ou telle que l'expérience l'a conditionné à la voir. En fonction de cette réalité, on peut facilement imaginer à quel point ma première impression d'une personne ou son impact peut être trompeur.

Il serait intéressant, à cette étape, d'aller voir une ou deux personnes que je connais et de leur demander ce qu'elles ont vu de moi la première fois; bref, de procéder avec elles à une vérification de ce premier impact.

L'impact que je produis

Il semble que ce que les personnes voient de moi en premier lieu, c'est:

_____

_____

_____

_____

_____

_____

Cette première impression correspond-elle à qui je suis?

OUI ☐   NON ☐

S'il y a une différence entre ce que je projette et qui je suis, je demande au partenaire de me dire à quels signes il a recueilli ces impressions :

_____

_____

_____

_____

L'impact que je produis risque-t-il d'attirer le genre de partenaire que je veux et pourquoi?

_____

_____

_____

_____

Compte tenu de l'image que je projette et de l'impression que je crée chez les autres, je comprends maintenant mieux pourquoi j'ai tendance à attirer tel type de personne même si, au fond, ce n'est pas tout à fait le genre d'individu qui me convient. À la lueur de ce constat, je pourrais choisir de modifier certains aspects de moi pour augmenter mes chances de créer l'impact voulu. À cette fin, je fais les exercices qui suivent.

MES FEUX ROUGES

Compte tenu de l'impact que je projette :

- *j'ai l'air snob.*

- _____
- _____
- _____
- _____

Je risque d'attirer le genre de personne qui est :

- *superficiel et indépendant.*

- _____
- _____
- _____
- _____

MES FEUX VERTS

Au fond, ce que je recherche vraiment, c'est un partenaire qui est :

- *simple,*

- *naturel,*

- *transparent.*

- _____

- _____

- _____

- _____

MES FEUX JAUNES

Ce que je suis prêt à modifier pour créer un impact davantage conforme à ma réalité et pour augmenter mes chances d'attirer le genre de partenaire que je veux :

- *sourire et faire les premiers pas pour démontrer que je suis accessible.*

- _____

- _____

- _____

- _____

II

L'héritage de mon passé

Me connaître pour mieux m'ajuster dans une relation amoureuse, voilà l'étape première et indispensable dans le cheminement qui m'est proposé.

«Mon passé se colle à moi, comme l'emplâtre d'une plaie.»

J. Vallès

Enfoui dans ma mémoire, mon passé fait partie de moi. Lorsque quelque chose «accroche», je peux remonter aux racines qui ont nourri et entretenu le malaise que je vis. Je peux examiner avec attention cette mécanique défectueuse qui occasionne des dérapages dès que je suis dans telle ou telle situation. Quelque chose m'empêche d'agir comme je le voudrais. Mes relations avec les autres sont difficiles. «Je voudrais bien..., mais...» Voilà l'indice d'un blocage, d'un écho avertisseur de ma personnalité en désarroi, difficilement capable de faire face à la situation.

Si je veux, en tant qu'homme ou femme, gagner mon harmonie, je peux refaire la route à l'inverse, prendre conscience de ce passé que j'avais oublié et qui est au fond de moi comme un agent qui perturbe mon comportement. Ce lieu familial peut avoir gravé en moi ce quelque chose que j'ignore plus ou moins et qui m'empêche d'avancer. Si, aujourd'hui, je suis timide, distant ou inquiet, peut-être en trouverai-je les véritables causes dans cet arrière-pays de moi-même? J'y apprendrai alors comment je m'y suis construit, de quelle façon j'ai pu régir ma vie. Je pourrai inventorier le positif et le négatif de mes influences, me connaître sous un nouveau jour et savoir enfin ce que je veux véritablement.

À y regarder de plus près, je vois que les principales composantes de ce milieu familial sont mes parents, l'enseignement ou les croyances qu'ils m'ont transmis, mes besoins d'affection, mon rôle dans la famille, les valeurs que j'y ai reçues et la nature des relations que j'ai entretenues avec eux.

Quand j'aurai établi un bilan de l'héritage de mon passé, je pourrai regarder ce qu'il m'en reste et voir dans quelle mesure ce passé a des répercussions sur mon vécu amoureux actuel. Tout ce passé constitue souvent dans le quotidien ma grille de référence. Je vois les autres à travers elle, comme si elle était une lunette plus ou moins déformante de la réalité de ma vie.

A. Mes parents, mon miroir?

1. *Mes modèles enracinés*

Ce que j'ai vu et appris, en regardant et en participant à la vie relationnelle de mes propres parents, constitue l'une des influences déterminantes sur ma façon habituelle d'établir des relations avec mes partenaires. Ces observations, à mon insu, se sont imprimées en moi. Si j'arrive à les mettre en lumière, je pourrai davantage comprendre leur influence dans ma vie.

Je m'efforce de décrire spontanément en mots, en images, en qualificatifs, qui étaient, pour moi, ma mère et mon père lorsque j'étais enfant. (J'imagine que j'ai déjà trouvé une actrice ou un acteur pour jouer le rôle de mes parents. Comment décrirais-je leurs traits de personnalité?)

Les caractéristiques de
MA MÈRE :

- *froide,*
- *généreuse,*
- *belle femme,*
- *contrôlante.*
- _____
- _____
- _____
- _____
- _____
- _____
- _____
- _____

Les caractéristiques de
MON PÈRE :

- *bourreau de travail,*
- *renfermé,*
- *très sensible,*
- *amoureux de la nature.*
- _____
- _____
- _____
- _____
- _____
- _____
- _____

Même si je ne le sais pas parce qu'on ne me l'a jamais dit, je me laisse imaginer pourquoi, entre tous les partenaires possibles,

mon père a choisi ma mère :

- *sa beauté,*
- *son sens des responsabilités,*
- *sa détermination,*
- *quelqu'un qui allait organiser sa vie.*
- _____
- _____
- _____
- _____
- _____
- _____
- _____
- _____

ma mère a choisi mon père :

- *homme de principe,*
- *quelqu'un à qui elle pouvait être utile,*
- *quelqu'un qui la ferait monter dans l'échelle sociale,*
- *un bon père pour ses enfants.*
- _____
- _____
- _____
- _____
- _____
- _____
- _____
- _____

Mes commentaires:

- *Cela me frappe beaucoup de constater combien plusieurs motifs de leur choix sont devenus des motifs de récrimination au fil du temps.*

- _____

- _____

- _____

- _____

- _____

- _____

Si je suis encore en relation avec mes parents, je pourrais leur demander, individuellement si possible, pourquoi ils se sont choisis. Autrement, je peux me laisser guider par mon intuition et répondre à ces questions à la lueur de ce que j'ai connu et vu d'eux.

2. Impact sur ma vie amoureuse

Quelles influences ont eues sur moi ces modèles parentaux? Il y a souvent des parties de moi que je ne reconnais pas et que je projette sur les autres. Dans le prochain exercice, je vais m'attarder à regarder les parties de moi, de mes sous-personnalités que j'ai pu prêter à mes parents, sans peut-être me rendre compte qu'elles pouvaient aussi m'appartenir.

Ainsi, ce que je décris de mes parents a de fortes chances d'être aussi des projections de parties de moi que je nie ou ne vois tout simplement pas. Il se peut que ce soit mon côté «ombre» opposé à mon côté «lumière», mieux connu de moi. Tant que je nie ces caractéristiques, je ne peux pas récupérer les aspects positifs qu'elles contiennent.

De la même façon, j'ai un modèle de relation parentale que je risque de reproduire, qu'il ait été fonctionnel ou non, et ce, d'une façon parfois subtile. Je peux aussi tenter de m'y opposer complètement sans tenir compte de ce qui pourrait me convenir.

Si je reprends les qualificatifs que j'ai utilisés pour décrire mon père et ma mère et que je me les approprie, je peux dire :

Comme mon père, je suis un individu :

- *bourreau de travail, renfermé, très sensible, amoureux de la nature.*
- _____
- _____
- _____
- _____
- _____
- _____

Comme ma mère, je suis :

- *froid, généreux, beau, contrôlant.*
- _____
- _____
- _____
- _____
- _____
- _____

Les qualificatifs de mes parents que je me reconnais plus facilement sont :

- *très sensible, généreux.*
- _____
- _____
- _____
- _____
- _____

J'identifie des qualificatifs attribués à mes parents qui m'ont déjà caractérisé mais dont je me suis départi :

• *bourreau de travail.*

• _____

• _____

• _____

• _____

• _____

Je prends quelques instants pour regarder en quoi mes motifs de choix de partenaires sont semblables à ceux de mes parents. Pour m'aider dans ma réflexion, je tente de répondre aux questions suivantes :

Comme ma mère j'ai tendance à choisir un type de personne qui :

• *est renfermé, plutôt rigide, a un statut social élevé.*

• _____

• _____

• _____

• _____

• _____

Comme mon père, j'ai tendance à choisir un type de personne qui :

• *a beaucoup de détermination, manifeste peu d'affection, organise ma vie.*

• _____

• _____

• _____

• _____

• _____

Ces motifs de choix ont-ils conduit mes parents à vivre une forme de relation que j'aimerais pour moi-même ? J'explique pourquoi :

- *oui, parce que malgré leurs différends, ils sont encore ensemble ;*
- *non, parce que mon père a été étouffé et ma mère a été enragée trop longtemps.*

- _____
- _____
- _____
- _____
- _____
- _____

Cette forme de relation a-t-elle des aspects similaires à la sorte de relation que j'ai tendance à établir ?

- *oui, c'est souvent ce qui se produit dans mes relations : j'étouffe mon partenaire qui finit toujours par me trouver trop possessif.*

- _____
- _____
- _____
- _____
- _____
- _____

Quels en sont les avantages pour moi?	Quels en sont les inconvénients pour moi?
• *Je n'ai pas à prendre et à assumer des décisions quotidiennes.*	• *Je me sens en état de dépendance perpétuelle.*
• _____	• _____
• _____	• _____
• _____	• _____
• _____	• _____
• _____	• _____

3. Mes conclusions

Il y a des traits de personnalité que je reconnais chez mes parents, mais que j'ai de la difficulté à m'approprier. J'en nomme deux:

- *ma froideur et ma beauté.*
- _____
- _____

Lorsque je nie ces parties de moi ou que je me les cache à moi-même, cela m'amène à:

- *finir par accuser l'autre de ne pas assez souvent m'approcher;*
- *choisir des hommes «chauds» qui finissent par me faire peur;*
- *choisir des hommes ordinaires envers qui je n'éprouve pas de désir, mais qui, peut-être, ne me rejetteront pas.*
- _____
- _____
- _____
- _____
- _____
- _____

Il y a des dimensions de mes relations qui ressemblent étrangement à celles que mes parents ont établies entre eux, soit en terme de type de partenaire choisi, soit en terme de type de relation établie (rapport de pouvoir ou autre).

Est-ce que ce modèle m'amène à choisir un type de partenaire qui me convient et à vivre une relation que je considère satisfaisante pour moi?

OUI ☐   NON ☐

Si oui, pourquoi?

- *Parce que, pour moi, ce qui est le plus important, c'est de ne pas être envahi par les exigences et les attentes de l'autre.*

- _____

- _____

- _____

- _____

- _____

- _____

Si non pourquoi?

- *Parce que je finis toujours par me sentir seul, dévalorisé, méfiant et je coupe ma relation.*

- _____

- _____

- _____

- _____

- _____

- _____

Il peut être déroutant de réaliser à quel point j'ai pu tantôt admirer, tantôt souffrir de certaines caractéristiques de mes parents comme individu ou comme couple, et de constater qu'à mon insu je les répète.

En m'appropriant les caractéristiques négatives comme celles positives, je risque moins d'accuser les autres d'en être porteurs ou de m'enlever le crédit des qualités ou des forces que je leur prête.

En voyant également de plus près comment je mets en place spontanément une dynamique de couple qui ressemble à celle de mes parents (même si parfois les rôles peuvent être inversés), je récupère le pouvoir et la conscience nécessaires pour amorcer un changement en fonction de ce que je veux vraiment.

Ne l'oublions pas ! Amorcer un changement, laisser aller des modèles connus et s'en créer de nouveaux à notre mesure ne seront jamais une mince affaire ! C'est accepter de laisser un terrain familier, même s'il est cahoteux, et de faire un saut dans le vide ! À moi d'être créatif.

MES FEUX ROUGES

1. Quand je nie que je suis :

- *beau, froid,*
- _____
- _____
- _____

cela m'amène à :

- *choisir des partenaires fades pour qui je n'éprouve aucun désir ;*
- *reprocher à l'autre son manque de chaleur.*
- _____
- _____
- _____
- _____
- _____
- _____

2. Lorsque, comme mes parents, je choisis un partenaire qui :

- *est renfermé et me rend responsable de son bonheur,*
- *est plutôt rigide et dont le statut social est élevé ;*

- _____
- _____
- _____
- _____
- _____
- _____

je finis par :

- *me sentir étouffé et sursollicité ;*
- *abdiquer devant son autorité.*

- _____
- _____
- _____
- _____
- _____
- _____

MES FEUX VERTS

Compte tenu des modèles que je reproduis inconsciemment et qui m'amènent dans des culs-de-sac, je me rends compte que je ne dois plus:

a) choisir un partenaire:

- *fade, simplement pour éviter le rejet;*
- *rigide qui m'empêche de m'affirmer librement.*
- _____
- _____
- _____
- _____
- _____
- _____

b) établir une relation:

- *où je n'ai pas de désir sexuel;*
- *où il n'y a pas de place aux divergences d'opinion.*
- _____
- _____
- _____
- _____
- _____
- _____

MES FEUX JAUNES

Les moyens que je suis prêt à me donner pour éviter de retomber dans les mêmes pièges relationnels :

- *interrompre rapidement les relations où il y a absence de désir ;*

- *renoncer à tout comportement de prise en charge de l'autre.*

- _____

- _____

- _____

- _____

- _____

B. Mes croyances, fausses vérités ?

1. Mes convictions irrationnelles

Ma perception de moi, de l'autre sexe et d'une relation amoureuse est forcément colorée par les croyances qui m'ont été inculquées.

En venant au monde dans ma famille, on m'a transmis, à travers des gestes et des paroles, un certain nombre de croyances concernant, entre autres, qui j'étais, qui étaient les personnes de l'autre sexe et ce qu'était l'amour. Les croyances ne sont pas des connaissances, mais une sorte de code traditionnel que véhicule la famille et qui souvent se transmet d'une génération à l'autre. Chaque famille, compte tenu des parents, peut ajouter ou retrancher des points à ce que la lignée a transmis. Par exemple, un père qui a été élevé sévèrement dans son enfance pourrait avoir tendance à développer la croyance que la meilleure éducation est celle qui se fait sous le signe de la rigidité. Une mère, issue d'une famille nombreuse où les garçons dominaient, pourrait favoriser le développement de la croyance, chez sa fille, que les êtres du sexe féminin sont inférieurs aux hommes. C'est ainsi que la famille transmet aux enfants des notions ou croyances qui ont statut de vérité pour les enfants.

Pour être en mesure de cerner davantage l'influence de ces croyances dans ma vie, je tente de me remémorer le plus fidèlement possible ce qui m'a été transmis par des réflexions, des allusions, des attitudes et des comportements. Quand j'étais enfant,

on m'a transmis que, j'étais :

- *laid, agité, raisonnable, responsable, etc.*
- _____
- _____
- _____
- _____
- _____

on m'a transmis que l'amour c'était :

- *aveugle, envahissant, etc.*
- _____
- _____
- _____
- _____
- _____

on m'a transmis que les
hommes étaient :

- *importants, forts, etc.*

- _____
- _____
- _____
- _____
- _____
- _____

on m'a transmis que les
femmes étaient :

- *courageuses, soumises,
  etc.*

- _____
- _____
- _____
- _____
- _____
- _____

on m'a transmis qu'un
partenaire était vraiment
amoureux lorsqu'il :

- *laissait tomber ses
  copains.*

- _____
- _____
- _____
- _____
- _____
- _____

on m'a transmis qu'une
partenaire était vraiment
amoureuse lorsqu'elle :

- *était prête à tout pour
  faire plaisir à son
  partenaire.*

- _____
- _____
- _____
- _____
- _____
- _____

Nous avons tous accumulé un certain bagage de croyances. Plus elles demeurent inconscientes, plus elles risquent d'interférer subtilement dans notre vie et d'avoir statut de vérité.

2. Impact sur ma vie amoureuse

Chaque fois que mes croyances agissent sans discrimination dans ma vie, elles m'amènent à fausser le regard que je porte sur moi, sur les événements et sur les autres. Elles créent des attitudes et des comportements qui peuvent restreindre mes possibilités d'expansion dans une relation. Bref, elles peuvent m'amener dans un repliement défensif ou encore générer une peur d'agir empreinte de méfiance ou d'autres attitudes qui me nuisent.

48

En outre, plus j'ai de croyances, plus j'ai de chances que la réalité soit faussée à mes yeux, et plus je risque de penser que mes croyances sont des vérités.

Je peux choisir de faire l'effort de jauger la nature de mes croyances, de les confronter à la réalité de façon à ce qu'elles n'opèrent plus sournoisement dans mes perceptions de moi-même et des autres.

Je m'efforce de faire l'inventaire des croyances de mon passé qui sont encore actives aujourd'hui.

Aujourd'hui encore, je crois que je suis :

- *responsable, pas très beau, etc.*
- _____
- _____
- _____
- _____
- _____
- _____

Je crois que les hommes sont :

- *plus importants que les femmes, forts, etc.*
- _____
- _____
- _____
- _____
- _____
- _____

Je crois que les femmes sont :

- *responsables du bonheur des autres, etc.*
- _____
- _____
- _____
- _____
- _____
- _____

Je crois que l'amour c'est :

- *souffrant, envahissant, etc.*
- _____
- _____
- _____
- _____
- _____
- _____

Je crois qu'un(e) partenaire est vraiment amoureux(se) lorsqu'il(elle) :

- *ne vit plus que pour moi, est prêt à tout me donner, etc.*
- _____
- _____
- _____
- _____
- _____
- _____

3. Mes conclusions

Parmi toutes ces croyances, il y en a qui sont plus tenaces que d'autres et qui m'ont amené à vivre des expériences concluantes quant à leur véracité.

En fait, c'est à travers cette «lunette» que j'ai décodé mes expériences relationnelles. Si j'y regarde de plus près, j'ai même pu contribuer activement à me faire la preuve de ma croyance sur moi-même, l'autre sexe et l'amour.

Je prends le temps de nommer deux ou trois croyances négatives tellement fortes pour moi que je crois encore, malgré tout, qu'elles sont des vérités. Je crois que :

- *je ne suis pas beau ;*
- *les hommes sont plus importants que les femmes ;*
- *un partenaire est vraiment amoureux lorsqu'il a toujours envie de moi.*

- _____
- _____
- _____
- _____
- _____
- _____

Sur chacune d'elles, je réfléchis et je note mes attitudes, mes comportements ou des phrases que je me suis entendu répéter, et qui ont pu contribuer à me confirmer dans mes croyances :

- *souvent je ne me mets pas à mon avantage parce que cela ne vaut pas la peine. Je m'habille pour passer inaperçu ;*
- *je donne plus de valeur à ce que dit un partenaire qu'à mes propres opinions ;*
- *je n'ose m'affirmer devant un homme ou une femme ;*

- *je suis déçu et choqué quand l'autre n'a pas le temps de me voir. Pour moi, c'est inadmissible quand on aime vraiment.*

- _____

- _____

- _____

- _____

- _____

- _____

Lorsque je maintiens ces croyances en place, quelles en sont les conséquences quant à un choix de partenaire?

- *Je ne choisis pas quelqu'un qui me plaît, mais quelqu'un aux yeux de qui je peux être acceptable.*

- *J'attends d'être choisi. Je m'empêche d'aller vers quelqu'un qui m'intéresse.*

- *Je ne supporte pas qu'un partenaire dise «non» à une de mes demandes.*

- _____

- _____

- _____

- _____

- _____

- _____

À propos du type de relation que j'ai tendance à établir :

- *je vis souvent une relation plate, sans passion, où j'ai toujours peur que l'autre trouve quelqu'un de plus beau ;*
- *je n'ai pas de place pour m'exprimer et je finis par devenir fustré et fâché ;*
- *l'autre doit me mentir pour me faire plaisir et je finis par l'accuser de n'être pas sincère.*

- _____
- _____
- _____
- _____
- _____
- _____

Je peux vraiment me jouer des tours à moi-même en prenant mes croyances pour des vérités. Le fait de constater que ce sont des croyances n'implique pas obligatoirement la nécessité de les nier ou de les détruire. Par contre, leur reconnaissance amène une possibilité accrue de les questionner et de momentanément pouvoir les neutraliser pour décoder l'événement ou la personne à partir d'un regard plus objectif. J'étends par le fait même mon champ de conscience à des possibilités de perceptions et de connaissances nouvelles. Je suis déjà moins prisonnier de mon passé.

MES FEUX ROUGES

Si je persiste à croire que :

- *les hommes sont plus importants que les femmes;*

- *un partenaire est amoureux lorsqu'il a toujours envie d'être avec moi.*

- _____

- _____

- _____

cela m'amène inévitablement à :

a)   choisir un partenaire qui :

- *prend beaucoup de place;*

- *est dépendant et n'a que peu d'autonomie.*

- _____

- _____

- _____

b)   établir une relation dans laquelle :

- *j'ai peu de place pour m'exprimer, ce qui soulève en moi de la frustration;*

- *je supporte seul la responsabilité de la relation.*

- _____

- _____

- _____

MES FEUX VERTS

Compte tenu des croyances tenaces qui m'habitent et qui m'amènent sur des fausses pistes, je me rends compte que je ne dois plus:

a) choisir un partenaire:

- macho *dont le comportement amplifie ma croyance que les hommes sont plus importants que les femmes;*
- *qui a peu de vie sociale et dont la dépendance nourrit ma croyance que, quand on est amoureux, il faut toujours être ensemble.*

- _____
- _____
- _____

b) établir une relation:

- *où je laisse primer les idées et les besoins de l'autre au détriment des miens;*
- *qui devient le centre de ma vie à l'exclusion de tout autre activité ou intérêt.*

- _____
- _____
- _____

MES FEUX JAUNES

Pour neutraliser mes vieilles croyances et me soustraire à leur emprise, je suis prêt à :

- *courir le risque d'affirmer ce que je veux et ce que je pense vraiment ;*
- *me fixer comme objectif de faire au moins une activité par semaine à l'extérieur de mon couple.*

- _____

- _____

- _____

C. Mes besoins, mes dépendances?

1. *Mes trous noirs*

De quelle façon a-t-on répondu à mes besoins légitimes d'enfant? Voilà bien une question dont la réponse exerce à coup sûr une influence déterminante tant sur l'organisation de ma personnalité et le choix de mon partenaire que sur la qualité de mes attentes en relation amoureuse.

Enfant, à travers des attitudes, des comportements, des mots, j'ai vécu et senti l'amour et l'affection plus ou moins mitigés de mes parents. Ce lien et l'amour qu'ils véhiculaient, je les ai vécus constamment comme des carences, des manques à mes besoins fondamentaux ou encore comme des réponses satisfaisantes à mes attentes viscérales d'enfant.

Cela peut ou non avoir un lien direct avec la volonté qu'ont eue mes parents de répondre à mes besoins. Et la question n'est pas de les juger. Ce qui est important à ce stade-ci, c'est de bien nommer, pour moi, les certitudes plus ou moins grandes qui m'habitent ainsi que les trous laissés par une absence de réponses à mes besoins.

Je réponds le plus honnêtement possible aux énoncés ci-dessous en faisant un effort conscient pour me positionner:

	OUI	NON
1. Je sens que mes parents m'ont désiré.	☐	☐
2. Je me suis senti aimé d'eux.	☐	☐
3. Enfant, j'ai toujours pu compter sur eux.	☐	☐
4. Mes parents ont pris soin de moi: matériellement,	☐	☐
psychologiquement,	☐	☐
affectueusement.	☐	☐

5. Ils m'ont aimé pour moi et non pour mes performances ou pour la fierté que je pouvais leur procurer.   ☐   ☐

6. Aux yeux de mes parents, j'étais unique et spécial.   ☐   ☐

7. J'ai senti que je pouvais me différencier d'eux, me détacher, sans perdre leur amour et leur considération.   ☐   ☐

8. Lorsque j'étais malade ou que je me blessais, leurs soins et leur affection me consolaient.   ☐   ☐

9. Mes parents me donnaient des signes de reconnaissance qui me disaient que j'étais vu et entendu d'eux.   ☐   ☐

10. En me laissant faire mes expériences d'enfant, ils m'ont permis de développer ma confiance en moi.   ☐   ☐

11. Leur appui et leur écoute m'ont permis d'accepter mes peurs et de les dépasser graduellement.   ☐   ☐

12. Ils m'ont encouragé dans mes défis d'enfant et ils n'ont pas douté de mes capacités.   ☐   ☐

13. Au moins un de mes parents a défini des règles de jeu, des balises sécurisantes pour moi et, même si elles me contraignaient parfois, il les a intelligemment maintenues ou adaptées.   ☐   ☐

14. J'ai toujours senti que, quoi qu'il arrive, mes parents seraient là pour m'aider à repartir.   ☐   ☐

Femme :

15. C'était correct à leurs yeux que je sois
    belle et attirante :
    papa   ☐   ☐

    maman   ☐   ☐

Homme :

16. On m'a donné la permission réelle de
    devenir qui je suis sans être comparé à
    mon père ou à quiconque d'autre :
    papa   ☐   ☐

    maman   ☐   ☐

Ces besoins, même s'ils ne sont pas détaillés et même s'ils peuvent prendre différentes formes de l'enfance à l'adolescence, constituent les fondements sur lesquels s'érigent ma sécurité intérieure, mon sens et mon estime de moi-même.

2. *Impact sur ma vie amoureuse*

Lorsque je ne suis pas conscient des besoins fondamentaux en moi qui n'ont pas été satisfaits, je les vis comme des trous dans ma vie, dans ma personnalité. Je cherche, sans cesse, plus ou moins consciemment, à les combler ou à les oublier pour me sentir enfin entier.

Malheureusement, chaque fois que je me tourne vers l'extérieur pour obtenir la satisfaction à mes besoins d'enfant, chaque fois que je tente de combler ces trous, ces lacunes, par quelque chose ou par quelqu'un en dehors de moi, je fais fausse route.

Ma quête d'amour, de reconnaissance, d'attention ne fait qu'augmenter mon désespoir, ma frustration et l'impression de ma fragilité et de ma vulnérabilité.

Heureusement pour moi, à travers mes expériences de vie, il se peut que j'aie été amené à me tourner vers moi-même pour combler à ma façon certains des besoins de mon enfant intérieur.

En poursuivant ma réflexion, je pourrai mieux mesurer s'il y a des besoins fondamentaux auxquels j'ai appris à répondre.

Le plus souvent...

	OUI	NON
1. Je me considère comme une personne dont on aime la présence ou la compagnie.	☐	☐
2. Je m'aime et je mérite d'être heureux.	☐	☐
3. Je suis là quand j'ai besoin de moi (au lieu de m'abandonner ou de me taper sur la tête dans l'échec).	☐	☐
4. Je prends soin de moi sur tous les plans : financier, moral, affectif, etc.	☐	☐
5. Je m'aime pour ce que je suis d'abord et non pour ce que je fais.	☐	☐
6. À mes yeux je suis un être unique.	☐	☐
7. Je m'aime et m'accepte différent des autres.	☐	☐
8. Quand j'ai mal (physiquement ou moralement), je m'aime assez pour me donner toutes les chances de guérir.	☐	☐
9. Je me laisse être vu et je me laisse être entendu — je prends ma place.	☐	☐
10. Je peux croire en ma voix intérieure et faire mes propres expériences.	☐	☐
11. Je peux porter mes peurs sans qu'elles me paralysent.	☐	☐

	OUI	NON

12. J'ai confiance en moi et j'ai l'assurance d'être capable. ☐ ☐

13. Je m'impose des limites pour me garder en équilibre et je vois à les respecter. ☐ ☐

14. Si je tombe, je m'aide à me relever (j'accepte de faire des erreurs, d'apprendre dans l'échec) sans me punir ni me juger. ☐ ☐

Femme :

15. Je suis belle et j'accepte d'être un être sexuel. ☐ ☐

Homme :

16. J'accepte d'être comme je suis ou plus ou moins que mon père ou les autres hommes. ☐ ☐

Mes affirmations

Je nomme les trois affirmations que j'ai le plus de difficulté à m'approprier ; elles témoignent d'un besoin non comblé dans ma vie :

- *a) je m'aime et m'apprécie ;*
- *b) je m'accepte différent des autres ;*
- *c) à mes yeux, je suis un être unique.*

- *a)* _____
- *b)* _____
- *c)* _____

Ces affirmations, pour moi, deviennent :

- a) *je ne m'aime pas ;*
- b) *j'ai beaucoup de difficulté à m'accepter différent des autres ;*
- c) *à mes yeux, je suis un être sans valeur.*
- a) _____
- b) _____
- c) _____

Comme nous l'avons établi précédemment, ces carences vécues comme des trous risquent de nous amener vers l'extérieur, souvent vers un partenaire, pour combler le vide affectif. Malheureusement, cette tendance naturelle constitue une source majeure de difficultés et de tensions relationnelles. Pour cette raison, il serait intéressant de reprendre les principales affirmations consignées ci-dessus et d'examiner dans quelle mesure j'ai tendance à adopter certains comportements dans le seul but d'obtenir une réponse à ces besoins.

Mes réactions

- a) *Je fais tout et même l'impossible pour que l'autre m'aime. J'essaie d'être parfait pour plaire à l'autre.*

- b) *Je me juge constamment dans ce que je pense et dans ma façon de réagir. J'ai une grande préoccupation d'être «normal» et je dis à mon partenaire ce qui semble «correct». Je cherche son approbation.*

- c) *Je veux que mon partenaire me garde la première place dans sa vie et ses amitiés. J'essaie toujours d'être le plus important à ses yeux.*

- a) _____
- _____
- _____

- *b)* _____
- _____
- _____
- *c)* _____
- _____
- _____

Il est clair que ce type de comportement exige que je nie ou mette en veilleuse des aspects de moi qui, encore une fois, m'amènent sur des terrains de souffrance, de frustration et de désespoir.

Plus souvent qu'autrement, le prix à payer pour obtenir d'un partenaire une réponse à mon besoin est trop élevé pour le gain réel que j'en obtiens.

Le prix à payer

En poussant plus loin ma réflexion, je note pour chacun des besoins non comblés le prix que j'ai été prêt à payer pour tenter d'y trouver une réponse.

Si, par exemple, je reviens à l'affirmation a) «je ne m'aime pas» (voir page 62), le prix que j'ai à payer pour obtenir l'affection de quelqu'un d'autre est de m'épuiser à le satisfaire au point de perdre de vue ce qui peut, moi, me faire plaisir.

- *Ainsi lorsqu'en a) j'affirme que le prix que je paie pour que quelqu'un d'autre comble ce manque est :*
- _____
- _____
- _____
- _____
- _____
- _____

Dans mon affirmation b) où je reconnais, par exemple, avoir beaucoup de difficulté à m'accepter différent des autres (voir page 62), j'ai souvent dû, pour que l'autre me trouve normal, taire mes réactions et mes opinions au point d'en perdre l'estime de moi.

- *Ainsi, lorsqu'en b) j'affirme que, le prix que je paie pour que quelqu'un d'autre comble ce manque est :*

- _____

- _____

- _____

- _____

- _____

- _____

Pour terminer avec l'exemple c) où j'affirme que je suis un être sans valeur à mes yeux (voir page 62), en voulant devenir le plus important aux yeux de l'autre, je laisse tomber ma famille, mes amis pour devenir le centre de sa vie et lui de la mienne.

- *Ainsi, lorsqu'en c) j'affirme que le prix que je paie pour que quelqu'un d'autre comble ce manque est :*

- _____

- _____

- _____

- _____

- _____

- _____

Les conséquences

Inévitablement, ces comportements de survie et le prix que je paie pour tenter de répondre à mes besoins génèrent des frustrations et de profondes insatisfactions qui ont un impact direct sur le dénouement de mes relations amoureuses. Ainsi, à force de payer le prix que je viens de décrire précédemment, pour obtenir de l'autre la réponse à certains de mes besoins, il y a inévitablement des conséquences qui se font sentir tant en moi que dans le déroulement de mes relations. En m'aidant des exemples ci-dessous, je poursuis une réflexion sur les conséquences des prix que je paie pour chacune des affirmations a), b) et c).

- a) *Ainsi, à force de m'épuiser pour satisfaire l'autre de façon à ce qu'il m'aime, je déprime puis me révolte de n'avoir à peu près rien en retour de tous mes efforts.*

- a) *Ainsi, à force de:*

_____

_____

_____

_____

_____

- b) *À force de taire mes réactions pour être reconnu normal et obtenir l'approbation de l'autre, je perds mon individualité et l'autre finit par me mépriser.*

- b) *Ainsi, à force de:*

_____

_____

_____

_____

_____

- c) À force de vouloir être le centre de la vie de l'autre, il m'accuse de le contrôler, de l'envahir et de prendre toute la place.

- c) Ainsi, à force de :

_____

_____

_____

_____

_____

_____

Au fond, en modelant mon comportement pour obtenir une réponse à mes besoins non comblés, je risque de créer l'effet tout à fait contraire. En somme, cette façon d'agir m'amène inévitablement dans des impasses.

3. Mes conclusions

En plus de miner mon estime personnelle et mon plaisir de vivre, le fait de rechercher à l'extérieur de moi des réponses à mes besoins non comblés m'amène à être attiré et à choisir des partenaires qui ne me conviennent aucunement. En m'inspirant encore une fois des exemples ci-dessous, je poursuis ma réflexion sur les mauvais choix de partenaire que je suis susceptible de faire lorsque je cherche à l'extérieur de moi la réponse à mes besoins.

- a) *Parce que je ne m'aime pas et que je fais tout pour être aimé, j'ai tendance à être attiré par des partenaires qui ont besoin de moi, à qui je suis utile parce qu'ils ont souvent des problèmes, mais qui ne donnent rien en retour.*

- a) *Parce que je :*

_____

_____

_____

_____

_____

- b) *Parce que je ne me donne pas le droit à ma différence, j'ai peur de ma propre originalité et je m'éteins dans la norme ; je cherche donc des partenaires originaux qui sont tellement différents de moi qu'il devient finalement à peu près impensable de vivre harmonieusement.*

- b) *Parce que je :*

_____

_____

_____

_____

_____

- *c) Parce que je ne me reconnais pas de valeur, je ne prends pas de place; je choisis des partenaires populaires qui, je l'espère, pourront me donner un certain statut sans trop avoir à me faire valoir; ces partenaires finissent par me trouver terne et se désintéressent de moi.*

- *c) Parce que je:*

_____

_____

_____

_____

_____

_____

Malgré tous les constats et les prises de conscience que je viens de faire, je dois quand même demeurer réaliste. Même si je commence à faire la démarche d'assumer mes besoins non satisfaits pour y répondre au meilleur de ma connaissance, ces zones manquantes constitueront toujours des points vulnérables que je devrai surveiller tout au long de ma vie.

Les besoins non satisfaits en moi deviendront des facteurs qu'il faudra considérer avec une grande attention dans le choix du partenaire et du style de relation que j'établirai avec lui afin de ne pas tomber dans le piège d'attendre qu'il y réponde à ma place. Quand, d'une part, j'aurai la certitude d'avoir mis le doigt sur mes vrais besoins et que, d'autre part, j'aurai l'assurance que le partenaire peut en tenir compte dans sa façon d'être et d'agir, alors je me sentirai soutenu et la relation pourra m'apporter encore plus d'équilibre et de bien-être.

Cependant, j'ai un deuil à faire de ce que je n'ai pas reçu. Je ne pourrai jamais recevoir ce que mon enfant intérieur aurait eu besoin de recevoir; j'ai un pardon à accorder pour pouvoir enfin me tourner vers moi-même, mes forces et mes faiblesses et commencer à être un bon parent pour moi.

À partir de ce moment-là, je peux commencer à m'aimer comme j'aurais eu besoin qu'on le fasse pour moi; je peux développer ma confiance en moi, en ma force, en un monde dans lequel je peux réussir et être heureux.

Lorsque, pour moi, je deviens un bon parent aimant, je n'étouffe plus, je ne manipule plus et je n'envahis plus l'autre pour qu'il soit là pour moi, mais je peux profiter de sa présence tout en lui laissant son propre espace pour se réaliser.

MES FEUX ROUGES

Si je continue de chercher à l'extérieur de moi une réponse à mes besoins fondamentaux, je m'expose invariablement à :

- *m'épuiser pour satisfaire l'autre ;*
- *taire mes réactions et perdre l'estime de moi-même ;*
- *laisser tomber ceux que j'aime pour faire de l'autre le centre de ma vie.*

- _____
- _____
- _____
- _____
- _____
- _____
- _____

MES FEUX VERTS

Compte tenu des besoins primaires que je n'ai pas encore réussi à combler moi-même et qui demeurent des points de vulnérabilité, je me rends compte que, pour assurer mon équilibre et mon bien-être, je dois:

a) choisir un partenaire qui peut:

- *exprimer des marques d'affection, même si je ne réponds pas à toutes ses exigences;*

- *être souple et composer avec mes différences plutôt que de vouloir me changer;*

- *m'encourager et supporter mes initiatives plutôt que de les ridiculiser et de les dénigrer.*

- _____

- _____

- _____

- _____

- _____

- _____

MES FEUX JAUNES

Afin d'éviter d'être entièrement à la remorque d'un partenaire qui réponde à mes besoins primaires, je suis prêt à :

- *prendre des mesures concrètes pour augmenter mon degré de confiance en moi ;*

- *me fixer mes propres critères d'évaluation de la pertinence et de la justesse de mes propres gestes et réactions.*

- _____

- _____

- _____

- _____

- _____

- _____

D. Mes rôles, mes «games»?

1. Le théâtre de mon enfance

Nous exerçons tous des rôles inhérents aux différentes sphères de notre existence : au travail, dans nos loisirs, dans notre famille, en société, etc. De façon générale, nous connaissons plus ou moins implicitement ces rôles et nous les endossons spontanément comme faisant partie de notre identité.

Au sein de ma famille, j'ai également joué un rôle particulier. Acteur dans le quotidien, j'ai participé à la vie familiale et contribué, peut-être, à améliorer ou à perturber l'atmosphère. Quoi qu'il en soit, l'image que je garde de mon milieu familial en relation avec moi est encore bien vivante. Pour moi, elle est même réelle.

Sur la page suivante, je dessine ma famille en m'y incluant : je trace des personnages, même rudimentaires.

PORTRAIT DE MA FAMILLE

En regardant le théâtre de mon enfance, je suis en mesure de faire certains constats qui m'aideront à mieux cerner le rôle et la place que j'ai tenus à l'intérieur de ma famille.

Dans cette configuration familiale,

a) je me suis senti :

• *isolé, étouffé, responsabilisé.*

• _____

• _____

• _____

• _____

• _____

• _____

b) mon rôle était de :

• *satisfaire ma mère pour qu'elle soit enfin heureuse ;*

• *protéger mes frères contre la violence de mes parents.*

• _____

• _____

• _____

• _____

• _____

• _____

c) les gains que j'ai récoltés en jouant ce rôle :

- *j'ai obtenu la préférence de ma mère; elle me complimentait beaucoup;*
- *j'avais de l'importance, j'étais un point central pour mes parents, ma fratrie.*

- _____
- _____
- _____
- _____
- _____
- _____

d) ce qu'il m'en a coûté de jouer ce rôle :

- *je n'ai jamais pu m'affirmer ou m'opposer, je n'ai jamais pu vraiment jouer et être insouciant, etc. ;*
- *c'est moi qui ai le plus souffert de la violence, je me suis barricadé pour ne plus rien sentir.*

- _____
- _____
- _____
- _____
- _____
- _____

Mes commentaires :

«Allons donc, je n'ai pas joué de rôle au sein de ma famille ! J'étais bien trop jeune pour influencer quoi que ce soit. Impossible !» Une famille est un rouage, un système complexe, chacun contribue à son maintien par souci de préserver sa sécurité. S'effacer, s'exclure, être fou, être excité, etc., toutes ces façons d'être ont une fonction d'équilibre du noyau familial. Chaque membre, y compris moi-même, a tenté de prendre une place pour s'y faire reconnaître. C'est important pour moi d'identifier ma fonction dans ma famille, ma façon d'y prendre de l'importance avant de poursuivre ma démarche.

2. *Impact sur ma vie amoureuse*

Je viens d'identifier un ou plusieurs rôles joués au sein de ma famille. Je suis susceptible de rejouer aujourd'hui les rôles premiers que j'ai choisis dans ma famille pour la simple et bonne raison qu'ils m'ont valu certaines marques de reconnaissance. Malheureusement, ces marques de reconnaissance n'ont pas toujours été positives. Par contre, à défaut d'en obtenir des positives, j'ai pu me contenter et même rechercher des marques de reconnaissance négatives plutôt que de ne rien avoir du tout.

Cela m'a souvent amené à éprouver des sentiments pénibles d'humiliation et de souffrance, mais là encore, ces sentiments sont du connu pour moi. Risquer un changement est souvent vécu comme risquer de ne plus exister aux yeux de personne.

Pour exercer mes rôles anciens, je dois créer des scénarios et trouver des personnages qui vont me permettre de les mettre en place et de récolter les sentiments qui les accompagnent.

Tant que ce phénomène n'est pas clair pour moi, ou bien j'attire des personnes bonnes pour mon rôle, mais mauvaises pour ce que je recherche profondément, ou bien je rends les partenaires conformes à ce que j'ai besoin qu'ils soient pour exercer mon rôle.

La conséquence en demeure la même : perte de temps, perte d'énergie, souffrances et relations tôt ou tard vouées à l'échec.

Afin de clarifier ce phénomène, je choisis quelqu'un avec qui je me sens à l'aise pour échanger sur mon dessin (voir page 74) à partir des indications suivantes :

La personne choisie me dit ce qu'elle voit spontanément de mon dessin et n'hésite pas à me transmettre toutes ses impressions. Elle pourrait, par exemple, me dire :

- *ce qui me frappe dans ton dessin, c'est combien tu es plus grand et combien tu sembles plus important que ton père, etc.*

- _____

- _____

- _____

- _____

- _____

- _____

Une des façons dont je te vois prendre ta place dans cette famille (que votre partenaire se laisse guider par son intuition) :

- *c'est en étant soumis et en prenant soin de ta mère, etc.*

- _____

- _____

- _____

- _____

- _____

- _____

À mon tour, je réagis sur tout ce qui me touche et me semble pertinent à explorer :

— je dis ce qui me vient spontanément à l'esprit ;

— je nomme les rôles que j'ai l'impression d'avoir joués en occupant cette place dans ma famille ;

— je discute des gains récoltés et des pertes encourues en jouant ces rôles.

J'échange sur les points suivants en démontrant comment, aujourd'hui, je reproduis ces mêmes rôles dans mes relations amoureuses :

— les gains à jouer ces rôles ;

— le prix à payer pour les jouer ;

— le genre de personne que je dois attirer pour jouer ces rôles.

3. *Mes conclusions*

À la lueur de mes échanges sur la place que j'ai occupée et le rôle que j'ai pris dans ma famille lorsque j'étais enfant, je réalise encore plus que mon rôle principal était de :

- *tout faire pour que ma mère soit heureuse et ne s'écroule pas sous le poids de ses responsabilités ;*

- *faire face et même parfois tenir tête à mes parents pour attirer leur attention et protéger mes frères et sœurs ;*

- *satisfaire mes parents pour qu'ils soient fiers d'eux.*

- _____

- _____

- _____

- _____

- _____

- _____

Si je campais ce rôle en le caricaturant, je dirais que :

- *a) mon rôle était «d'atténuer les disputes» entre mon père alcoolique et ma mère, et entre mon père et ma fratrie*
  — je pourrais le nommer «pare-chocs», «protecteur» ;

- *b)* *mon rôle était de dire tout haut ce que tout le monde pensait tout bas par peur des représailles*
  — je pourrais le nommer «mouton noir», «tête à claques», «frondeur»;
- *c)* *mon rôle était de soulager maman de sa misère de vivre*
  — je pourrais le nommer «pompe d'énergie», «sauveur».

Mon ou mes rôles caricaturés pourraient s'énoncer comme suit:

- _____
- _____
- _____
- _____
- _____
- _____

Bien sûr, j'ai obtenu des gains à jouer ces rôles. Plus j'ai eu de marques de reconnaissance, même négatives, en les jouant, plus j'ai de chances de les répéter dans ma vie relationnelle.

Je reviens donc au rôle principal que je me suis — ou qu'on m'a — attribué dans ma vie de famille et je me demande comment je pourrais avoir tendance à le répéter dans ma vie relationnelle.

Ainsi, pour jouer mon rôle de (• protecteur), j'ai besoin de choisir un type de partenaire qui (• a une personnalité faible et des problèmes) ou une relation dans laquelle (• je finis par prendre toutes les responsabilités).

Ainsi, pour jouer mon rôle de (_____), j'ai besoin de choisir un type de partenaire qui (_____ _____) ou une relation dans laquelle (_____ _____).

En jouant mon rôle de (•protecteur) avec mon partenaire, il arrive inévitablement que (• plus je le protège,
moins il prend de responsabilités et plus je me sens seul,
accablé).

En jouant mon rôle de (_____) avec mon
partenaire, il arrive inévitablement que (_____
_____).

Peut-être ne suis-je pas prêt à laisser tomber ces rôles
qui m'ont quand même valu des gains. Il se peut aussi que
je veuille les transformer de façon à ce qu'ils me rapportent
encore plus de gains positifs à long terme.

L'important, c'est de les identifier et ainsi pouvoir les
exercer à ma guise plutôt que d'en être esclave. Si je laisse
mes rôles me guider aveuglément dans le choix de mes
partenaires et dans la forme de relation qui en découle, loin
de répondre à mes véritables besoins de reconnaissance, ils
m'entraînent dans des impasses.

MES FEUX ROUGES

Si je m'entête à rejouer ce rôle de :

* *sauveur, mère supérieure,*

* _____

* _____

* _____

je serai forcément amené à :

a) choisir un partenaire

* *démuni, impuissant, victime ;*

* *qui n'a pas de colonne.*

* _____

* _____

* _____

b) établir une relation :

* *dans laquelle je m'évertuerai vainement à rendre l'autre heureux ;*

* *dans laquelle je prendrai toutes les décisions et endosserai toutes les responsabilités.*

* _____

* _____

* _____

MES FEUX VERTS

Pour mettre en échec ma tendance naturelle à créer des mises en scène dans lesquelles mon partenaire et moi sommes campés dans des faux rôles, je dois:

a) choisir un partenaire:

- *autonome,*
- *bien dans sa peau,*
- *capable de prendre et d'assumer ses décisions.*

- _____

- _____

- _____

b) établir une relation:

- *dans laquelle je ne me rends pas responsable du bonheur de l'autre;*
- *dans laquelle les responsabilités sont partagées.*

- _____

- _____

- _____

MES FEUX JAUNES

Pour éviter de retomber dans le piège de mes vieux rôles,
je suis prêt à :

- *trouver une façon de me faire plaisir au moins une fois par semaine ;*

- *courir le risque de me montrer vulnérable et de demander l'aide de mon partenaire ;*

- *m'assurer que mon partenaire prenne au moins une initiative par semaine sans ingérence de ma part.*

- _____
- _____
- _____
- _____

E. Mes valeurs, mes carcans ?

1. *Mes dix commandements*

Mes choix et comportements sont également dictés par mes valeurs.

Une valeur, c'est quelque chose d'important et de significatif pour moi. C'est un guide de morale, un idéal à atteindre, un schème ou une norme de références qui guide mes choix et mes actions. Par exemple, pour moi, la liberté, le respect des autres et la justice peuvent faire partie de mes valeurs fondamentales.

Il est certes primordial de les connaître, car, en agissant à l'encontre de mes valeurs fondamentales, je m'expose à vivre de la frustration et possiblement des conflits.

Certaines des valeurs qui font partie de mon code d'éthique pour «bien» vivre ma vie m'ont été transmises dans mon enfance, alors que d'autres ont été développées au cours de mes expériences. Les premières, c'est-à-dire celles qui m'ont été inculquées au moment où j'étais impressionnable, continuent souvent d'agir de façon inconsciente dans ma vie. Il serait souhaitable de mettre en lumière ces valeurs et d'en réévaluer la pertinence dans ma vie d'adulte.

Je complète spontanément les énoncés suivants, avec le plus d'éléments de réponse possible :

Lorsque j'étais enfant, on m'a transmis que :

a) il fallait toujours :

- *être poli,*
- *prendre le moins de place possible, etc.*
- _____
- _____
- _____
- _____
- _____
- _____

b) ce n'était pas correct de :

- *se fâcher,*
- *se montrer bon.*

- _____
- _____
- _____
- _____
- _____
- _____

c) un homme devait :

- *être fort,*
- *réussir socialement.*

- _____
- _____
- _____
- _____
- _____
- _____

d) une femme devait :

- *être dévouée,*
- *s'occuper des enfants.*

- _____
- _____
- _____
- _____
- _____
- _____

e) un couple devait toujours :
- *tout partager,*
- *durer toute la vie,*
- *ne jamais se chicaner.*

- _____
- _____
- _____
- _____
- _____
- _____

f) la sexualité devait toujours :
- *se vivre dans le silence et la noirceur,*
- *se vivre à l'intérieur des liens du mariage.*

- _____
- _____
- _____
- _____
- _____
- _____

g) un homme attiré par une femme devait toujours :
- *être très patient,*
- *être peu démonstratif.*

- _____
- _____
- _____
- _____
- _____
- _____

h) une femme attirée par un homme devait toujours :

- *le laisser approcher,*
- *le manifester discrètement.*

- _____
- _____
- _____
- _____
- _____
- _____

Ce n'est pas toujours facile de se remémorer ces vieilles valeurs ; il nous semble souvent en avoir fait le ménage et nous être départi de la majorité d'entre elles. Se peut-il qu'à notre insu, elles se soient un peu plus raffinées, qu'elles aient changé de forme, mais que, d'une autre façon, elles constituent encore des entraves à nos possibilités d'affirmation et d'expansion ?

2. *Impact sur ma vie amoureuse*

Comme pour les croyances, les valeurs qui m'ont été transmises ont besoin d'être révisées à la lueur de mes propres expériences et des conclusions que j'en ai moi-même tirées. Sans cette révision, j'ai des chances de me rendre esclave d'un code d'éthique qui a pu être utile à une époque donnée de ma vie ou de la vie sociétale, mais qui risque, aujourd'hui, de ne plus être adapté à ma vision morale personnelle. Il peut ne plus correspondre à la perception essentielle que j'ai de moi-même, m'empêchant ainsi de répondre à mes besoins et de m'épanouir dans le respect de ma personne et des autres.

Dans ce cas, l'effet se manifestera par une division constante entre ma tête et mes réactions spontanées ou entre ma tête et mes émotions. Cette division bloquera l'accès à mes besoins fondamentaux et constituera un empêchement à mon développement personnel et une entrave à mes relations avec autrui. D'où, bien entendu, l'angoisse, l'ambivalence, l'indécision et même la maladie. Par exemple, une femme à qui on a transmis qu'elle devait se laisser choisir et ne pas affirmer son désir à un homme pourrait, à la longue, devenir privée de sa spontanéité, attendre passivement, se retenir et finalement devenir frustrée et agressive à l'endroit des hommes.

J'ai avantage à y voir clair si je veux éviter le pire et, surtout, parvenir à me connaître, à devenir qui je suis et à aller chercher ce que je veux.

Je reprends donc chacune des valeurs transmises dans mon enfance, lesquelles ont été notées dans la section précédente. Je les reformule au présent pour tenter de déterminer dans quelle mesure elles font partie de mon code d'éthique actualisé. Par exemple, si j'ai noté qu'enfant on m'a transmis qu'un homme devait être fort, je reformule au présent et à haute voix «un homme doit être fort». Si cette affirmation constitue effectivement quelque chose que je valorise, c'est signe qu'il s'agit là d'une valeur active dans mon code d'éthique actuel. Je poursuis l'exercice et note ci-dessous chacune des valeurs qui continuent de guider mes choix et mes actions.

- _____
- _____
- _____
- _____
- _____
- _____

Je viens d'établir une forme de bilan de mes valeurs relationnelles passées et actuelles. Il se peut que je sois mal à l'aise de constater que certaines d'entre elles ont l'air «vieux jeu», mais je dois reconnaître qu'elles font partie de mon répertoire.

3. Mes conclusions

Dans mon répertoire de valeurs actives, certaines ont pu et peuvent encore interférer dans ma capacité de vivre pleinement ma vie d'homme ou de femme, d'affirmer clairement ce que je veux et d'oser faire des gestes concrets pour répondre à mes besoins et désirs.

Y a-t-il deux valeurs au moins que je suis prêt à risquer de transformer ou à laisser tomber parce qu'elles m'empêchent d'être qui je suis, d'aller chercher le type de partenaire que je veux ou d'établir la sorte de relation que je souhaite pour moi?

Je nomme ces valeurs et j'explique, en quelques mots, en quoi elles me nuisent:

— valeur :

• *la sexualité devrait se vivre avec un conjoint engagé ;*

• _____

_____

_____

_____

_____

Pourquoi cette valeur me nuit-elle?

• *cela me nuit parce que j'ai tendance à vouloir trop vite une cohabitation et cela fait fuir mes partenaires.*

• _____

_____

_____

_____

_____

Si j'accepte de laisser tomber ou de transformer ces valeurs, je peux affirmer désormais :

- *si, après un certain temps d'apprivoisement, quelqu'un me plaît et que je lui plais également, je m'autoriserai à vivre des relations sexuelles.*

- _____

- _____

- _____

- _____

- _____

- _____

MES FEUX ROUGES

Si je continue de m'appuyer sur certaines valeurs plus ou moins archaïques pour dicter le cours de ma vie, je me rends compte que je tends à m'imposer :

- *d'attendre passivement que mon partenaire me fasse des avances ;*

- *une absence totale de relations sexuelles en dehors des liens du mariage.*

- _____

- _____

- _____

MES FEUX VERTS

À la lueur de ma vision morale actuelle, je me rends compte que pour avoir de la cohérence et être en paix avec moi-même, je dois choisir un partenaire :

- *qui valorise l'exclusivité dans ses relations sexuelles ;*
- *qui valorise le partage équitable des revenus et des dépenses.*

- _____
- _____
- _____

MES FEUX JAUNES

Pour éviter de me rendre esclave d'un code d'éthique qui ne me convient plus, je suis prêt à :

- *risquer de manifester mon désir sexuel à un partenaire;*

- *dire clairement à mon partenaire ce qui me fait plaisir sexuellement;*

- *oser élever le ton et manifester de la colère en présence de mon partenaire.*

- _____

- _____

- _____

- _____

F. Mes relations primaires, mes pièges?

1. Mes réflexes conditionnés

Aimer mes parents, être aimé d'eux, telle fut la base de mes relations parentales lorsque j'étais enfant; telle fut ma principale quête puisqu'elle fut ressentie comme «vitale» pour l'enfant que j'ai été.

Cependant, même en présence de mes parents, dans une situation normale, j'ai pu sentir un certain délaissement de leur part. Par exemple, la famille était si nombreuse que je ne parvenais pas à attirer particulièrement leur attention ou encore ils avaient des relations difficiles entre eux et me faisaient payer leurs difficultés. Donc, même entouré de mes frères et sœurs, de mes parents, j'ai pu commencer à sentir la solitude et l'isolement très tôt dans ma vie.

Malheureusement aussi, peut-être n'ai-je pas connu longtemps ou pas du tout mon père ou ma mère, ou les deux à la fois. Dans ce cas, la difficulté fut sans doute de pouvoir simplement m'accrocher pour survivre. Mon désir d'aimer et d'être aimé, malgré des parents substituts, a pu se solder par des attitudes de survie tenace.

Comment ai-je vécu cette période cruciale de ma vie? L'exercice suivant m'aidera à obtenir un éclairage nouveau.

Dans les pages suivantes, je trouverai des débuts d'énoncés que je continuerai le plus spontanément et le plus honnêtement possible sans les passer au crible de ma raison et de mon jugement. Il serait intéressant que je reprenne chaque phrase plusieurs fois en la finissant de façon différente:

Dans ma vie relationnelle avec mes parents, on m'aimait et m'appréciait tant et aussi longtemps que :

- *j'obéissais ;*
- *j'étais responsable ;*
- *je répondais à leurs attentes.*

- _____
- _____
- _____
- _____
- _____
- _____

Un message fréquent transmis par mes parents (l'un ou l'autre) me concernant :

- *«tête forte» ;*
- *ne t'enfle pas la tête, tu ne peux y arriver seul.*

- _____
- _____
- _____
- _____
- _____
- _____

À ce message, j'ai réagi en:

- *les contrariant davantage et en devenant encore plus frondeur;*
- *cachant toutes mes qualités et habiletés;*
- *devenant dépendant.*

- _____
- _____
- _____
- _____
- _____
- _____

Une chose dont j'ai eu le plus peur dans ma relation avec eux, c'est:

- *qu'ils soient violents avec moi;*
- *qu'ils m'humilient;*
- *que je leur fasse honte ou les déçoive.*

- _____
- _____
- _____
- _____
- _____
- _____

Une de mes façons de m'en protéger fut de :

- *foncer et les affronter ;*
- *m'effacer ;*
- *ne jamais rien essayer par moi-même.*

- _____
- _____
- _____
- _____
- _____
- _____

La façon dont mon père s'est comporté avec moi m'a prouvé qu'en relation :

- *c'est possible de faire face à un homme ou une femme ;*
- *une fille, c'est une quantité négligeable ;*
- *si je veux être aimé, je suis mieux de laisser l'autre prendre les responsabilités.*

- _____
- _____
- _____
- _____
- _____
- _____

La façon dont ma mère s'est comportée avec moi m'a prouvé qu'en relation :

- *une femme ne peut pas endosser seule ses choix ;*
- *s'effacer et être généreux, c'est tout ce qui compte ;*
- *un homme a besoin d'une femme pour organiser sa vie (ou l'inverse).*

- _____
- _____
- _____
- _____
- _____
- _____

Mes commentaires

- _____
- _____
- _____
- _____
- _____
- _____

2. Impact sur ma vie amoureuse

Comment ai-je réagi dans ma vie à cause de mes premières expériences avec ma famille ? Afin d'obtenir l'affection de mes parents, j'ai dû parfois payer un prix assez élevé pour me protéger et éviter une souffrance intolérable pour l'enfant que j'étais. Si c'est le cas, j'ai sans doute développé une stratégie.

Aujourd'hui, cette stratégie est réactivée chaque fois qu'une situation relationnelle s'apparente à ce que j'ai déjà vécu dans mon enfance. Ainsi, je reviens à mes vieilles façons de me protéger, de me barricader, de démissionner ou de me sauver à propos de tout ce qui peut ressembler à mon vécu avec mes parents.

Par exemple si, pour être aimé, j'ai dû renoncer à mon droit de m'affirmer, je peux ou refuser d'être aimé ou me soumettre à partir du moment où je suis aimé.

Malheureusement, la conséquence est que je me sens privé de cette intimité à laquelle je ne cesse d'aspirer, et je pressens bien qu'à chaque nouvelle relation je risque de raviver ces mêmes vieilles blessures et aboutir aux mêmes culs-de-sac. Je peux même adopter, souvent inconsciemment, des comportements défensifs ou protecteurs qui finiront par me confirmer dans mes peurs d'être blessé.

Pour m'aider à y voir clair, je complète les phrases suivantes:

En relation je suis une personne qui:

- *provoque,*
- *ne s'affirme pas,*
- *a peur.*
- _____
- _____
- _____
- _____
- _____
- _____

Dans mes relations amoureuses, je suis aimé et apprécié tant et aussi longtemps que:

- *je fais ce que veut mon partenaire;*
- *j'assume toutes les responsabilités;*
- *je me tais et «fais le beau».*
- _____
- _____
- _____
- _____
- _____
- _____

Un message que je reçois souvent de mes partenaires amoureux me concernant, c'est :

- *je manifeste beaucoup d'arrogance et je les humilie ;*
- *je tends à trop les contrôler et à les envahir ;*
- *je compte trop sur eux.*

- _____
- _____
- _____
- _____
- _____
- _____

Je réagis en :

- *les accusant et en les méprisant encore plus, en devenant insensible et enragé ;*
- *essayant de «sauver la face» en rationalisant ;*
- *m'accrochant encore plus de peur qu'ils me laissent.*

- _____
- _____
- _____
- _____
- _____
- _____

Lorsque je commence à m'attacher à un partenaire, j'ai peur :

- *qu'il découvre réellement qui je suis et me laisse tomber ;*
- *qu'il m'étouffe en prenant toute la place ;*
- *qu'il me rende responsable de lui.*

- _____
- _____
- _____
- _____
- _____
- _____

Une façon de me protéger lorsque j'ai peur, c'est de :

- *montrer encore plus de force et d'invulnérabilité ;*
- *le garder à distance de toutes sortes de façons ;*
- *ne pas m'engager et ne rien prendre de la relation pour ne rien devoir en retour.*

- _____
- _____
- _____
- _____
- _____
- _____

Dans mon vécu amoureux, j'en arrive souvent à croire que :

- *c'est trop lourd de s'engager ;*
- *aimer, c'est se mettre la corde au cou ;*
- *je ne suis pas assez «O.K.» pour que quelqu'un puisse m'aimer.*

- _____
- _____
- _____
- _____
- _____
- _____

Au fond, il se peut fort bien que mes premières expériences relationnelles continuent de déteindre sur mon vécu amoureux d'adulte. Je peux être très sensible aux mêmes types de messages qui m'ont été transmis lorsque j'étais enfant et je risque de les retenir plus facilement que d'autres. Je peux même, à la limite, provoquer la récurrence de ces messages et ne pas entendre les messages différents qui me sont envoyés.

Il est aussi possible que je vive les mêmes sortes de peurs lorsque je commence à m'engager et que je m'en protège en adoptant des comportements ou des attitudes qui mettent justement en place ce dont j'ai le plus peur. Par exemple, si j'ai dû me laisser envahir ou contrôler par un parent pour obtenir son affection, il est plus que probable que j'aie très peur du contrôle. En ayant peur d'être contrôlé en relation, je peux souvent agir par et pour moi-même, sans tenir compte des besoins de l'autre, puisque je ne veux rendre de comptes à personne. De cette façon, j'augmente les possibilités que l'autre vive de la frustration et effectivement développe des attitudes vindicatives et «contrôlantes». C'est, du moins, la façon dont je le décoderai.

Si j'ai, au contraire, réagi à l'exigence d'obéissance d'un parent en me rebellant et que j'ai eu peur de sa violence, je peux avoir aujourd'hui la tentation de me définir en m'opposant. Je réagis souvent violemment à toute demande que je perçois comme une tentative de soumission et ma propre violence finit souvent par soulever celle du partenaire qui ne cherche au fond, qu'à se faire entendre. L'aboutissement à des gestes de violence verbale ou physique, quoique connu de moi, me confirme que ce que veulent mes partenaires amoureux, c'est ma soumission.

3. Mes conclusions

Je peux maintenant affirmer que certaines influences de mes relations d'enfant avec mes parents m'ont amené à développer certaines croyances, certaines peurs et des mécanismes de défense qui, aujourd'hui, peuvent me nuire dans mes efforts pour atteindre ce que je veux me donner.

Je prends donc quelques minutes pour réfléchir et noter les conséquences réelles ou non de ces influences sur mes partenaires ou sur le type de relation qui en découle.

Ce que je m'impose d'être ou de faire pour garder l'autre et son affection et les conséquences de ce comportement :

- *me soumettre : toutes les fois que je me soumets, je perds de vue mes besoins et finis par reprocher à mon partenaire de ne pas s'occuper de moi ;*
- *prendre toutes les responsabilités : j'attire des personnes qui ne s'assument pas et je les rends encore plus dépendantes ; elles finissent par se défendre de mon contrôle, et moi, parce que j'ai peur de les perdre, je contrôle encore plus.*

- _____

_____

_____

_____

_____

_____

- _____

_____

_____

_____

_____

- _____

_____

_____

_____

_____

Conséquences de ma plus grande peur en relation?

a) Ce dont j'ai le plus peur en relation:

- *qu'on me mette à nu et qu'on me laisse tomber pour un autre;*
- *que le contrôle de l'autre m'étouffe.*
- _____
- _____
- _____
- _____
- _____
- _____

b) La façon dont je me protège lorsque je suis aux prises avec cette peur:

- *me montrer invulnérable et indépendant;*
- *je garde l'autre à distance pour garder le contrôle.*
- _____
- _____
- _____
- _____
- _____
- _____

c) La façon dont mes partenaires réagissent à ce mécanisme de protection :

- *ils interprètent mon indépendance affichée comme
  de l'indifférence et finissent par regarder ailleurs ;*
- *ils me reprochent ma froideur et mon incapacité de
  m'abandonner dans notre relation d'intimité.*

- _____
- _____
- _____
- _____
- _____
- _____

Chaque fois, donc, que je peux voir clairement la part
qui me revient dans mes échecs ou mes insatisfactions
relationnelles, j'augmente mes chances d'améliorer la situation.

Par ailleurs, si je continue à garder mes «lunettes» du
passé et que je rejoue mes vieux scénarios, je finirai probablement par adopter l'une ou l'autre de ces positions :

«Pauvre de moi...» ou encore

«Les partenaires du sexe opposé sont tous des...»

107

MES FEUX ROUGES

Chaque fois que je m'impose de faire quelque chose pour garder l'amour de mon partenaire, je m'expose à :

- *dire ce que l'autre veut entendre plutôt que ce que je pense vraiment ;*

- *taire mes goûts et mes intérêts ;*

- *ne pas respecter mon rythme.*

- _____

- _____

- _____

- _____

Pour masquer mes peurs d'être ridiculisé, abandonné, étouffé, je me rends compte que j'ai développé des façades qui me nuisent et qui provoquent chez mon partenaire le type de réaction dont j'ai le plus peur :

- *pour masquer ma peur d'être ridiculisé, je me montre invulnérable et intouchable ; mon partenaire peut se sentir écrasé et tenter d'ébranler mon mur en me ridiculisant ;*

- *pour masquer ma peur d'être abandonné, je me rends indispensable et irremplaçable ; mon partenaire se sent étouffé, infantilisé et risque de m'abandonner pour quelqu'un d'autre.*

- _____
  _____
  _____

- _____
  _____
  _____

- _____
  _____
  _____

MES FEUX VERTS

Si je veux éviter de réactiver mes mécanismes de défense chaque fois que je me sens menacé dans une relation, j'ai intérêt à choisir un partenaire :

- *qui peut accepter que je m'affirme sans me taxer de «tête de cochon» ;*

- *à qui je peux dire «non» sans que mon refus soit interprété comme une forme de rejet de sa personne.*

- _____

- _____

- _____

- _____

- _____

MES FEUX JAUNES

Plutôt que d'afficher une façade et d'inciter mon partenaire à me blesser davantage, je suis prêt à :

- *dévoiler mes craintes au risque de déplaire ou de décevoir ;*

- *avouer que, lorsque j'ai de la peine, ma tendance, c'est de la camoufler derrière une façade de colère.*

- _____

- _____

- _____

- _____

- _____

III

L'univers de mon présent

Je connais mieux maintenant les éléments de mon identité qui me viennent du passé. Si, par exemple, j'ai pu hériter de mes ancêtres tel travers de caractère ou telle maladie, je n'y peux rien. J'éprouve pourtant de la satisfaction à le savoir. Mais l'important n'est pas là. Dès ma naissance, j'ai commencé à subir des influences négatives et positives de mon milieu familial. À mesure que je me dégage de leur emprise, je réalise que je peux me bâtir moi-même en ajustant dans le présent les expériences vécues et les directives reçues lorsque j'étais enfant.

Ma famille est donc intervenue pour faire, en partie, ce que je suis aujourd'hui. Ce qu'elle m'a transmis, je peux le mesurer aux réactions qui m'ont été nécessaires pour traverser la vie et à la façon dont j'ai assumé mon autonomie. Car j'ai dû réagir. C'est le quotidien qui me l'a appris. Je me sens maintenant plus apte à diriger mon existence, parce que j'ai développé une force intérieure qui m'aide à «tenir le coup» et à m'améliorer.

C'est ainsi que, en plus de ce qui me vient du passé, j'ai agrandi mon territoire personnel, j'ai ouvert d'autres avenues et j'ai développé d'autres facettes de moi-même, que je sois un homme ou une femme. C'est tout cela qui me caractérise aujourd'hui, tant dans ma vie en général que dans une relation amoureuse.

A. Mon visage connu

Je pourrais définir les multiples facettes de ma personnalité en termes d'habiletés, de compétence, de traits de personnalité, d'aptitudes, d'intérêts, de qualités et de défauts.

Dans ma vie quotidienne, j'ai besoin de me sentir «habile», compétent en quelque chose. C'est souvent par l'expérience, la pratique, que j'acquiers cette habileté. Une habileté, c'est quelque chose que je sais faire ou que je connais de façon approfondie ou encore que j'ai démontré par moi-même aux autres et qui est reconnu d'emblée par eux. Par exemple, je suis une habile couturière, un habile communicateur, une dessinatrice éprouvée, un mécanicien reconnu. C'est une marque personnelle, un signe à l'aide duquel les autres me différencient par une sorte de jugement tacite et instantané.

Mes traits de personnalité sont aussi des points forts de moi-même. Ils contribuent à me signaler aux autres. «C'est bien lui!» dira-t-on. «Il n'y a que lui pour faire cela.» Ils représentent une qualité personnelle, un défaut, bref, un élément caractéristique dominant qui permet aux autres de m'identifier ou de me reconnaître. On illustrera verbalement ces traits en disant, par exemple : «Lui, c'est la persévérance incarnée», ou «elle, elle a inventé la peur» ou «l'impulsivité, la spontanéité, l'authenticité, la sensibilité, l'exagération, la timidité, l'orgueil, le manque de confiance en soi», etc.

Avec mes habiletés, mes traits de personnalité sont des assises importantes.

Les quatre autres éléments, non moins essentiels, sont indispensables pour éclairer le choix d'un partenaire qui puisse m'être complémentaire. Ce sont les aptitudes, les intérêts, les qualités et les défauts.

Les aptitudes sont des facilités, des sortes de talents qui enrichissent ma vie, l'égaient, lui donnent des ailes. Par exemple, je joue aisément d'un instrument de musique;

j'apprends une langue avec une grande facilité ; la gérance d'une entreprise m'est tout à fait naturelle.

Les intérêts, c'est aussi ce qui me fait vivre d'une autre façon, c'est-à-dire sur le plan de mes attirances, de mes goûts, de mes aspirations. Ainsi, j'aime pratiquer tel sport, faire de la peinture, jardiner, aller au cinéma.

Les deux derniers éléments, soit mes qualités et mes défauts, sont le lieu où se jouent ma qualité de vie intérieure, l'expression de ma façon unique d'être. Une seule grande qualité peut influencer toute mon existence, la construire même ; un seul défaut majeur peut la détruire. Par exemple, si je suis du type persévérant, je puis contrôler, estomper l'effet de certains défauts comme la mollesse, la nonchalance. Poussée à l'extrême, c'est-à-dire opérant sans clarté, sans intelligence, cette même persévérance peut devenir un défaut, comme de l'entêtement, de l'opiniâtreté ; et si l'on va plus loin, un vice : la domination.

1. Mon petit côté unique

Il peut m'être utile d'identifier mes qualités et leurs effets sur ma conduite et aussi de repérer mes défauts qui interfèrent constamment dans le champ des mes activités amoureuses. Par exemple, suis-je vraiment un individu honnête, doux, intègre, prudent ? Je dois aussi être conscient que ces qualités deviennent des défauts si je n'y prends garde, si je les exploite mal. Mon honnêteté a-t-elle tendance à se changer en naïveté ? Ma douceur en faiblesse ? Ma prudence en peur ? Mon intégrité en intransigeance ?

À l'aide du canevas proposé ci-après, j'esquisse les grandes lignes de mon petit côté unique.

J'identifie dans mon vécu une ou des réalisations dont je suis fier :

- _____

_____

À quelles qualités ou aptitudes ai-je alors fait appel ?

* _____

_____

Quels aspects de moi ai-je utilisés lors de cette expérience ?

* _____

_____

Une des choses que je fais et où je me sens compétent (habileté) :

* _____

_____

Dans mes loisirs, j'aime (intérêt) :

* _____

_____

Une des choses que j'aime faire et qui me procure de la satisfaction (intérêt) :

* _____

_____

Une personne qui me connaît bien me décrirait comme (trait de personnalité positif) :

* _____

_____

Je m'intéresse à (intérêt) :

* _____

_____

Les grandes qualités que l'on me reconnaît sont :

* _____

_____

On me reproche parfois (trait de personnalité négatif) :

* _____

_____

Une fois ce bilan terminé, je peux faire le choix d'aller avec un ami pour lui faire part, dans un premier temps, d'une réalisation dont je suis fier, ainsi que des qualités et aptitudes requises pour cette réalisation. Je l'informe aussi de mes intérêts, de mes goûts et de mes perceptions de moi-même. Cela pourrait constituer une belle occasion de recevoir du feed-back de quelqu'un qui me connaît bien.

2. Chaussure à mon pied

Mes traits dominants de personnalité, mes aptitudes, mes intérêts, mes qualités et défauts, tout cela devrait-il influencer le type de partenaire à choisir ou la sorte de relation que je veux établir? Par exemple, si je suis un passionné de sport et que je veux une relation dans laquelle nous partageons beaucoup de temps de loisirs, devrais-je choisir un intellectuel rivé à ses livres? De même, si je suis sédentaire, y a-t-il des avantages ou des inconvénients à choisir un partenaire passionné des voyages?

Comment les caractéristiques qui me font comme je suis peuvent-elles m'influencer en ce qui concerne le type de partenaire à choisir et la sorte de relation à établir?

VERT

MES FEUX VERTS

Si je veux tenir compte de :   **je dois choisir :**

Mes habiletés :
Je les nomme :

- cordon-bleu

- _____
- _____
- _____

un type de partenaire qui :

- apprécie la bonne cuisine

- _____
- _____
- _____

une sorte de relation dans laquelle :

- les repas sont un moment privilégié

- _____
- _____
- _____

Mes aptitudes :
Je les nomme :

- comptabilité

- _____
- _____
- _____

- accorde de l'importance à l'administration de ses finances

- _____
- _____
- _____

- j'ai un mot à dire dans la gestion du budget

- _____
- _____
- _____

Mes intérêts :
je les nomme :

- ésotérisme

- _____
- _____
- _____

- est ouvert aux idées nouvelles

- _____
- _____
- _____

- nous pouvons partager des lectures et des activités ésotériques

- _____
- _____
- _____

Mes qualités :
je les nomme :

- déterminé

- _____
- _____
- _____
- _____

- « tient son bout »

- _____
- _____
- _____
- _____

- il y a place à la négociation

- _____
- _____
- _____
- _____

Mes défauts :
Je les nomme :

- impulsif

- _____
- _____
- _____

- pondéré

- _____
- _____
- _____

- il y a de la fantaisie

- _____
- _____
- _____

B. Le clair-obscur

Ce que je suis recèle encore des points d'ombre. Il y a beaucoup de qualités, de caractéristiques que j'ai et que je ne peux pas nommer. C'est tellement plus facile d'être rivé sur ce que je ne suis pas capable de faire, sur ce que je n'ai pas. Je me suis probablement fait dire : «Tais-toi donc, arrête donc de te vanter! Pour qui te prends-tu?» que je n'ai pas appris à reconnaître mes forces et à me les approprier. Pourtant, il est capital que je perçoive en moi ces forces et que je m'appuie sur elles pour aller chercher ce que je veux.

1. *Mon visage caché*

Dans le but de cerner davantage qui je suis et ce que je veux, je peux laisser libre cours à mon imagination et me laisser guider par la visualisation qui suit. Il importe toutefois que je procède lentement et que je laisse émerger les images suggérées avant de poursuivre.

Je lis lentement :

J'imagine que chaque fois que je respire, toutes les images et toutes les pensées que j'ai dans la tête disparaissent avec mon expiration, comme si pour les cinq ou six prochaines respirations, je faisais graduellement le vide...

Je goûte au vide intérieur, à l'absence de préoccupation...

Je reste détendu et j'imagine qu'apparaît sur mon écran mental une personne que j'aime et que j'admire beaucoup...

Je laisse émerger le visage de ce personnage-là ; je vois les traits de ce visage qui se précisent peu à peu...

Je me laisse sentir et reconnaître ce que j'apprécie de ce personnage ; ce que je trouve de beau et d'appréciable chez lui...

Je vérifie comment je me sens en présence de cette personne...

Je prends une grande respiration et, à l'expiration, je laisse aller ce personnage...

Je refais mon «écran blanc». Je complète l'énoncé ci-dessous:

Je nomme mon personnage préféré et décris ce que j'apprécie le plus de lui:

_____

_____

_____

_____

_____

Comme nous l'avons vu précédemment dans l'exercice des caractéristiques attribuées à mes parents, je peux projeter sur les autres des aspects de moi que je n'aime pas. L'inverse est aussi vrai. Milton Mayeroff a dit un jour:

«Je ne peux comprendre chez les autres que ce que je comprends chez moi.»

Souvent, à partir d'un rêve, d'une personne que j'admire, d'une relation que j'envie, je peux découvrir des aspects ou des dimensions de moi dont je n'ai peut-être pas conscience.

D'une part, si je ne reconnais pas ces aspects en moi, je peux les projeter sur un partenaire et, en quelque sorte, «tomber en amour» avec des parties de moi-même que j'attribue à quelqu'un d'autre et qui ne lui appartiennent pas exclusivement.

D'autre part, même si je les reconnais et les aime en moi-même, cela n'exclut pas que je veuille également les retrouver chez un partenaire. Par exemple, si je ne reconnais pas ma force de caractère et que je la projette sur un partenaire, je risque d'être déçu de certains de ses comportements et dire, au bout d'un moment, qu'il a changé. De plus, si je reconnais ma propre force et suis capable de reconnaître celle d'un partenaire à travers la façon dont il a réagi devant une ou des épreuves de sa vie, je minimise les possibilités de m'illusionner, de vivre souffrances et conflits.

2. Mes lettres de noblesse

Je note les caractéristiques attribuées à mon personnage préféré en me les appropriant. Par exemple, si mon personnage préféré est un écrivain que j'aime et apprécie pour son honnêteté, sa clairvoyance, sa justesse d'esprit et d'analyse, etc., en me réappropriant ces qualités je peux dire et écrire :

- *je suis honnête,*
- *j'ai de la clairvoyance,*
- *j'ai de la justesse d'esprit et d'analyse.*

- _____
- _____
- _____
- _____

Je reste présent à ce que cela me fait de me réapproprier ces qualités et je demeure aussi attentif au nombre de fois que j'ai pu les attribuer aux partenaires que j'ai choisis et les admirer chez eux sans me les reconnaître réellement.

MES FEUX ROUGES

Le fait de ne pas ou peu me reconnaître ces qualités m'a amené à choisir des partenaires qui m'ont déçu ou encore à vivre des relations peu satisfaisantes.

- *Je ne me suis jamais reconnu honnête, intègre; j'ai souvent choisi des partenaires qui se sont avérés beaux parleurs, dont les propos m'impressionnaient, mais qui, dans l'action, m'ont souvent déçu;*

- *En ne reconnaissant pas ma clairvoyance, j'ai souvent senti de l'attirance pour des partenaires intelligents qui pouvaient prendre des décisions éclairées. J'ai subi des relations où je ne m'accordais pas le droit à mon opinion.*

- _____

- _____

- _____

- _____

- _____

C. Le feu de ma passion

1. *Mes motivations, mon moteur*

Mes besoins sont à la base de ma motivation à établir une relation amoureuse. Même si j'ai une multitude de besoins, il n'en demeure pas moins que mon incitatif personnel à entrer en relation s'appuie plus spécifiquement sur un besoin particulier. Ce besoin devient mon moteur à entrer en relation.

En complétant la visualisation ci-dessous, je serai en mesure d'identifier des éléments fondamentaux de ma motivation à établir une relation amoureuse.

Je fais cette lecture assez lentement pour voir et sentir ce qui est suggéré.

Je laisse apparaître sur mon écran mental un événement heureux que j'ai vécu en relation amoureuse...

Si aucun événement n'émerge, j'essaie d'en imaginer un qui serait pour moi un événement heureux...

Je me laisse explorer comment je me sens dans cet événement...

Qu'est-ce que je vois, qu'est-ce que je ressens à l'intérieur de cet événement?...

Je prends le temps de goûter le plaisir que je ressens dans cet événement...

J'essaie de voir pourquoi c'est un événement heureux...

Avant de le laisser partir, je vérifie une dernière fois pourquoi je le vis heureux, ce qu'il me fait, ce qu'il m'apporte...

Je prends une grande respiration et je laisse l'événement partir...

Je remplis ce qui suit:

Je décris l'événement heureux que j'ai vécu en relation amoureuse. Si aucun événement passé n'a émergé, j'en décris un que j'aimerais vivre.

— Je le décris : _____

_____

_____

_____

_____

— Pourquoi a-t-il été ou serait-il heureux ?

_____

_____

_____

_____

2. Prescriptions en amour

Si j'ai été capable d'identifier ce qui m'a rendu ou me rendrait heureux dans une relation amoureuse, je n'ai qu'à reprendre ces éléments pour mettre le doigt sur les besoins fondamentaux qui me stimulent à vivre une relation amoureuse.

En somme, c'est ce qui détermine le «pourquoi d'être ensemble». Par exemple, je veux que l'autre m'apporte un certain équilibre, qu'il me fournisse ce qui me manque, qu'il m'aide à réaliser mes ambitions, qu'il partage mes intérêts, mes goûts et autres, qu'il ait les mêmes aspirations que moi. Je veux être bien avec quelqu'un. Je veux, au fond, me sentir libre ; je veux avoir, je veux faire, je veux être, je veux...

Mes besoins de base m'amènent à établir une relation qui me permet de combler mes fonctions physiologiques primaires et qui m'assure une sécurité (stabilité) morale, financière, affective, émotionnelle, mentale.

Mes besoins de développement, d'actualisation, eux, me font établir une relation qui me permet de maintenir ou de développer l'estime de moi-même, de me dépasser en tant qu'individu et de réaliser, de faciliter ou d'encourager la réalisation de mes aspirations, de mes rêves, de mes projets, de mes visions.

Je peux regarder à quel(s) niveau(x) de besoins s'adressent ma ou mes motivations, mais au fond, ce qui est prioritaire, c'est de reconnaître ces motivations et de les accepter profondément comment étant miennes.

Les éléments de motivation qui me stimulent à entrer en relation me donnent des indices du type de partenaire et du genre de relation les plus susceptibles de me rendre heureux.

Par exemple, si j'ai mentionné qu'un événement avait été heureux parce que :

- *je me sentais soutenu, appuyé dans une réalisation dont j'étais fier ;*
- *la qualité de sa présence me procurait une sécurité indescriptible, capable de me faire soulever des montagnes.*

Je peux affirmer que, pour me motiver à être en relation amoureuse, je dois pouvoir trouver :

- *soutien,*
- *appui dans mes projets,*
- *sécurité affective.*

- _____
- _____
- _____
- _____
- _____
- _____

Il est incontestable que mes besoins me stimulent à vivre une relation amoureuse. Par contre, je dois veiller à ce que mes attentes quant à mes besoins non comblés demeurent réalistes : c'est le meilleur moyen d'éviter de fréquentes déceptions. Or, sans pour autant miser abusivement sur la capacité de mon partenaire de répondre à tous mes besoins, il n'en demeure pas moins qu'en tenant compte de mes facteurs de motivation dans le choix d'une personne, j'augmente mes chances de vivre une relation stimulante et satisfaisante.

MES FEUX VERTS

Compte tenu de ma ou mes principales motivations à entrer en relation amoureuse, j'aurais avantage à :

a) choisir un type de partenaire qui :

- *soit capable de m'appuyer dans ce que j'entreprends et qui puisse accepter que j'aie besoin de réconfort et de sécurité par son amour. J'ai donc aussi besoin d'un partenaire prêt à être fidèle ;*

- *veut fonder une famille.*

- _____
- _____
- _____
- _____

b) mettre en place une forme de relation dans laquelle :

- *il y a beaucoup de partage et d'appui mutuel.*

- _____
- _____
- _____
- _____

D. Mon conte de fées

1. *J'aime..., je déteste...*

Toute la démarche que j'ai entreprise jusqu'à maintenant m'amène à être en mesure d'établir une distinction entre, d'une part, ce qui me plaît et m'attire et, d'autre part, ce qui est fondamental pour moi dans une relation. Or, l'un et l'autre ne soulèvent pas chez moi le même genre de réaction.

Ce qui me plaît et m'attire, bien qu'important, relève davantage du plaisir sans pour autant m'assurer une satisfaction profonde et durable. Au-delà du plaisir, il y a des éléments fondamentaux de satisfaction que je dois pouvoir retrouver chez un partenaire et dans une relation de qualité à long terme.

Dans le but de recueillir davantage d'information sur les genres de partenaire et de relation qui me conviennent, il serait souhaitable d'établir le plus précisément possible ce qui est fondamental pour moi dans une relation. En d'autres termes, faire la distinction entre ce que je dois absolument y retrouver pour assurer ma satisfaction et ce que je suis incapable de tolérer.

J'identifie ces éléments fondamentaux de satisfaction et d'insatisfaction en m'inspirant de mes expériences relationnelles passées et de toutes les prises de conscience effectuées au cours de la présente démarche.

Ce qui me procure le plus de satisfaction dans une relation amoureuse, c'est :

- *entreprendre des projets ensemble ;*
- *poursuivre les mêmes objectifs ;*
- *faire des activités en famille.*

- _____
- _____
- _____
- _____
- _____
- _____

Ce qui me déplaît chez un partenaire, c'est :

- *une hygiène personnelle inadéquate ;*
- *une haleine de tabac ou d'alcool ;*
- *une personne maniaque de propreté ;*
- *une tendance à bouder.*

- _____
- _____
- _____
- _____
- _____
- _____

La liste que je viens de dresser constitue l'ensemble de mes critères de satisfaction et d'insatisfaction dans une relation amoureuse. Si je réussissais à trouver un partenaire qui rencontre tous mes critères de satisfaction et qui ne manifeste aucun aspect considéré insatisfaisant pour moi, je pourrais affirmer que j'ai réalisé le match parfait, trouvé la perle rare, l'homme ou la femme de ma vie. Or, il est peu probable que je rencontre quelqu'un qui rentre parfaitement dans ce moule.

La question à se poser, c'est : Est-ce absolument nécessaire de choisir quelqu'un qui coïncide parfaitement et absolument avec l'ensemble de ces critères pour vivre une relation satisfaisante ?

Parmi les critères de satisfaction et d'insatisfaction que j'ai identifiés, il s'en trouve certainement quelques-uns sur lesquels je serais capable de faire certaines concessions sans nécessairement compromettre la qualité de ma relation. Au fond, l'important, c'est d'identifier ce qui est fondamental et non négociable pour moi.

J'indique parmi les éléments mentionnés :

a) ceux que je considère essentiels pour me satisfaire :

_____

_____

_____

_____

_____

b) ceux que je ne peux supporter :

_____

_____

_____

_____

_____

2. L'amour de ma vie

Les conditions de réussite d'une relation amoureuse varient selon le type de relation que je souhaite établir. Si je cherche un partenaire pour m'accompagner dans mes sorties et passer des moments agréables, sans nécessairement partager le quotidien ou rechercher une permanence, je pourrai me permettre de tabler davantage sur ce qui me plaît et m'attire. Par contre, si mon objectif est d'établir une relation durable, surtout s'il y a partage du quotidien et engagement affectif, je devrai nécessairement tenir compte de mes critères essentiels de satisfaction.

MES FEUX VERTS

Selon l'engagement et l'implication que je recherche dans une relation, j'aurai avantage à choisir un type de personne qui (traits de personnalité) :

- _____
- _____
- _____
- _____
- _____
- _____

IV

Bilan et pronostic

A. Les illusions de mon passé

Je viens de faire le tour d'une foule de facteurs qui ont une incidence sur ma vie relationnelle d'homme ou de femme. Il s'agit maintenant que je dresse le bilan des éléments de mon passé qui peuvent encore interférer dans mes relations amoureuses de façon à obtenir un portrait plus clair de mes pièges, de mes illusions, de mes projections, de mes fausses croyances, bref, de mes zones aveugles.

Je détache et regroupe toutes les feuilles «Mes feux rouges» que j'ai remplies au cours de la démarche. Elles constituent le bilan de mes plus grands pièges, mes illusions les plus tenaces, mes zones aveugles. Bref, tout ce qui m'amène à ne pas me donner ce que je désire ou ce dont j'ai vraiment besoin pour m'épanouir avec un partenaire dans une relation satisfaisante.

Avant de tracer le portrait de mon partenaire idéal, il serait souhaitable de lire attentivement cette liste des éléments précis de mon passé qui interfèrent dans l'établissement d'une relation qui me convient.

B. Les assises de mon futur : mon match parfait

Je viens de faire une synthèse des éléments de mon passé qui peuvent encore interférer dans mes relations amoureuses. J'ai aussi accumulé une foule d'information sur ce dont j'ai besoin aujourd'hui pour être heureux et satisfait.

J'en dresse le bilan en retirant toutes les feuilles «Mes feux verts» remplies au cours de la démarche. Ce bilan constitue les bases de mon idéal amoureux: le type de partenaire et le genre de relation qui correspondent à qui je suis et à ce que je veux. Je prends quelques minutes pour les lire attentivement.

J'ai sans doute une idée assez précise de certaines caractéristiques de base de mon partenaire idéal, notamment l'apparence physique, le statut social, professionnel et économique, etc. Sans vouloir minimiser l'importance de ces éléments de choix, je dois reconnaître qu'ils ne peuvent constituer les seuls critères de réussite d'une relation durable.

Tout au long de la démarche, ma réflexion m'a amené à identifier des critères qui touchent davantage la nature profonde de l'être et de la relation.

En somme, découvrir la perle rare, c'est découvrir un partenaire qui possède les caractéristiques fondamentales que j'ai identifiées. Parallèlement, vivre la relation «idéale», c'est mettre en place une relation qui respecte les critères que j'ai établis.

V

Stratégie d'action

Maintenant que j'ai tracé le portrait de ma perle rare, c'est-à-dire du partenaire avec lequel, en tant qu'homme ou femme, je serai le plus susceptible de vivre une relation durable, il serait tout à fait normal de me poser la question : où et comment vais-je la trouver ?

En fait, la difficulté n'est pas tellement d'identifier des endroits propices aux rencontres. À vrai dire, je fais déjà la connaissance d'une foule de personnes simplement en vaquant à mes occupations quotidiennes. Que ce soit dans mes activités de travail, de loisir, de détente ou autres, il est possible de faire des rencontres intéressantes. Il s'agit simplement d'être vigilant et de ne jamais perdre de vue mes critères de choix.

Même si je dressais une liste exhaustive de tous les lieux de rencontre possibles, je n'augmenterais pas nécessairement mes chances de découvrir le partenaire idéal. Au fond, il s'agit pour moi de me mettre en mouvement et de faire des activités qui me plaisent en demeurant constamment à l'affût de toutes les occasions qui peuvent se présenter.

Si je veux me doter d'une stratégie d'action efficace pour atteindre mon objectif, je dois forcément tenir compte de deux choses : mes «feux verts» et mes «feux jaunes».

A. Mes feux verts :

Dans un premier temps, ils me fournissent des critères précis à partir desquels je peux faire la distinction entre les individus qui sont susceptibles de me convenir et ceux avec qui je ne peux établir une relation satisfaisante à long terme. Par contre, ces critères ne seront vraiment profitables que dans la mesure où je les utilise adéquatement. Je peux, par exemple, les utiliser de façon tellement rigide qu'ils m'amènent à écarter de façon expéditive tous ceux et celles qui me donnent le moindre indice de posséder une caractéristique contraire à mes attentes. À l'inverse, je peux être tellement obnubilé par le charme d'un nouveau partenaire, que je ne tiens aucunement compte de mes critères.

Ce qui est important pour établir une relation à long terme, c'est de m'assurer que le partenaire éventuel possède les caractéristiques fondamentales que j'ai ciblées. Je dois donc prendre le temps d'observer, d'échanger, d'écouter, de questionner et de vivre certaines expériences même avec l'autre pour pouvoir mesurer et valider si effectivement il possède les caractéristiques voulues.

B. Mes feux jaunes :

Même si j'ai clairement défini les caractéristiques de mon partenaire idéal et même si je suis conscient de la nécessité d'en valider la présence chez l'autre avant de m'engager, je dois m'assurer que les pièges de mon passé relationnel (c'est-à-dire mes «feux rouges») ne viennent pas, à mon insu, réduire mes possibilités de succès.

Conséquemment, je ne peux élaborer une stratégie d'action efficace sans prévoir des moyens concrets de minimiser l'impact négatif de mes «feux rouges» dans mes relations.

Je détache, regroupe et lis toutes les feuilles «Mes feux jaunes» que j'ai remplies au cours de la démarche. Elles constituent une série de gestes, d'actions et de mesures concrètes que je me suis dit prêt à mettre en place pour augmenter les chances de concrétiser mon idéal amoureux.

Il est possible que je sente un peu de découragement par l'ampleur des changements à effectuer. Pour éviter de tout laisser tomber ou encore de tout reléguer sur la tablette des vœux pieux, je choisis deux ou trois «feux jaunes» sur lesquels j'ai le goût de travailler et j'en fais des objectifs prioritaires à atteindre.

Je note soigneusement chacun de mes objectifs sur la fiche «Mon plan d'action». Je m'efforce d'identifier des moyens et outils concrets pour les atteindre. Lorsque c'est possible, je me donne une échéance et je réfléchis aux indicateurs pouvant me signaler que j'ai atteint l'objectif visé.

Dès que j'aurai confiance qu'un objectif est atteint, je choisirai un autre «feu jaune» sur lequel je suis prêt à travailler et je procéderai ainsi tant que je n'aurai pas intégré tous les comportements qui sont susceptibles de faire échec aux pièges et aux illusions de mon passé.

MON PLAN D'ACTION

Objectif :

- *Prendre des mesures concrètes pour augmenter mon degré de confiance en moi.*

Moyens à mettre en œuvre pour le réaliser (Quoi, qui, avec qui, où, comment, etc.).	Echéance, s'il y a lieu
1- Fixer un rendez-vous chez un coiffeur-styliste et « changer de look ».	d'ici deux semaines
2- Inviter quelqu'un qui me plaît à aller au cinéma et, en cas de refus, inviter quelqu'un d'autre.	d'ici trois semaines
3- M'inscrire à une activité où j'ai à m'intégrer à un groupe de personnes • cours de danse, groupe de croissance personnelle, etc.	dès le début de la prochaine session

INDICATEURS DE RÉUSSITE :

Je considérerai que mon objectif est atteint lorsque :

- *je serai capable d'aborder quelqu'un avec aisance ;*
- *je pourrai essuyer un refus sans me laisser abattre.*

MON PLAN D'ACTION

Objectif :

_____

_____

_____

Moyens à mettre en œuvre pour le réaliser (Quoi, qui, avec qui, où, comment, etc.)	Echéance, s'il y a lieu

INDICATEURS DE RÉUSSITE :

Je considérerai que mon objectif est atteint lorsque :

_____

_____

_____

_____

_____

_____

MON PLAN D'ACTION

Objectif :

_____

_____

Moyens à mettre en œuvre pour le réaliser (Quoi, qui, avec qui, où, comment, etc.)	Echéance, s'il y a lieu

INDICATEURS DE RÉUSSITE :

Je considérerai que mon objectif est atteint lorsque :

_____

_____

_____

_____

_____

_____

MON PLAN D'ACTION

Objectif :

_____

_____

Moyens à mettre en œuvre pour le réaliser (Quoi, qui, avec qui, où, comment, etc.)	Echéance, s'il y a lieu

INDICATEURS DE RÉUSSITE :

Je considérerai que mon objectif est atteint lorsque :

_____

_____

_____

_____

_____

MON PLAN D'ACTION

Objectif :

_____

_____

_____

Moyens à mettre en œuvre pour le réaliser (Quoi, qui, avec qui, où, comment, etc.)	Echéance, s'il y a lieu

INDICATEURS DE RÉUSSITE :

Je considérerai que mon objectif est atteint lorsque :

_____

_____

_____

_____

_____

_____

MON PLAN D'ACTION

Objectif :

_____

_____

Moyens à mettre en œuvre pour le réaliser (Quoi, qui, avec qui, où, comment, etc.)	Echéance, s'il y a lieu

INDICATEURS DE RÉUSSITE :

Je considérerai que mon objectif est atteint lorsque :

_____

_____

_____

_____

_____

MON PLAN D'ACTION

Objectif :

_____

_____

Moyens à mettre en œuvre pour le réaliser (Quoi, qui, avec qui, où, comment, etc.)	Echéance, s'il y a lieu

INDICATEURS DE RÉUSSITE :

Je considérerai que mon objectif est atteint lorsque :

_____

_____

_____

_____

_____

Conclusion

Nous voici maintenant arrivés au terme de cette démarche destinée à mettre fin aux «embarquements» amoureux sans destination.

Comme nous l'avions mentionné au début de ce livre, il vous a sans doute fallu beaucoup de courage, de patience et de persévérance pour en traverser chacune des étapes.

Que vous soyez un homme ou une femme, lorsque vous rencontrerez votre perle rare, vous pourrez reconnaître et affirmer, hors de tout doute, votre statut d'artisan de votre destinée.

Avoir le courage de lever le voile qui recouvre ce que nous ignorons de nos faiblesses, de nos pièges, de nos illusions; mettre en place des stratégies visant à les contrer et nous doter de critères concrets pour réaliser l'équation la plus parfaite possible entre ce que nous sommes et ce que nous voulons, c'est-à-dire notre match parfait, voilà bien une manifestation tangible d'un désir réel de passer à l'action.

Comme le dit si bien le poète Boileau: «Ce qui se conçoit bien s'énonce clairement et les mots pour le dire viennent aisément»; nous croyons que plus une personne conçoit et définit bien ce qu'elle est et ce qu'elle veut, plus elle peut le communiquer clairement et les mots autant que les gestes pour le dire viennent aisément.

Toutefois, nous savons, par expérience, que le défi ne s'arrête pas là. Les facettes d'une relation sont aussi nombreuses qu'un prisme qui décompose à l'infini la lumière. Chacun sait aussi combien, après avoir établi une relation, il est difficile de la garder saine, vivante et durable.

Chaque relation a sa couleur, encore faut-il la définir et oser l'afficher. Si l'on décomposait la couleur d'une relation, on y retrouverait, entre autres, le degré d'intimité souhaité, le niveau de risque toléré, les rôles partagés, les stratégies de communication utilisées et les attentes signifiées. Tout cela fait aussi partie de ce que je veux et des particularités de la relation que je cherche à établir.

Ce volume n'est pas constitué de recettes miracles assurant satisfaction éternelle garantie ou argent remis. Les auteures vous donnent donc rendez-vous non pas au pays des illusions, mais à celui de la conscience de soi, de la maturité et du plaisir de vivre un match parfait.

Bibliographie

KELLY, Charles, *Education in feeling and purpose*, Radix Institute, Californie, 1974.

NORWOOD, Robin, *Ces femmes qui aiment trop*, Éd. Stanké, 1986.

PORTELANCE, Colette, *La relation d'aide et l'amour de soi*, Éd. du Cram inc., 1991.

ROSENBERG, Jack Lee, *Le Corps, le Soi et l'Âme*, Éd. Québec Amérique, 1989.

WRIGHT, John, *La Survie du Couple*, Éd. La Presse Ltée, 1985.

Programme de formation

LE MATCH PARFAIT

Fondatrices de la maison de formation Transformation de la personne D.L.P., les auteures ont élaboré une démarche de formation qui permet aux participants de faire un bilan exhaustif de leurs besoins réels en matière de relation et de cibler le type de partenaire et de relation souhaité. Le «feedback» et les échanges avec les autres participants facilitent le positionnement de chacun et permettent d'actualiser un plan d'action réaliste pour l'atteinte des objectifs visés.

Durée: 40 heures

Objectifs :

Au terme du programme, les participants seront en mesure de :

* brosser un tableau de leur idéal amoureux compte tenu de leur vécu et de leur profil personnel ;

* établir les bases d'une stratégie d'action pour concrétiser leurs objectifs de vie amoureuse ;

* reconnaître le type de partenaire et le genre de relation correspondant à leur idéal amoureux ;

* affirmer leur choix dans le respect intégral d'eux-mêmes et des autres.

Programme :

- Les répercussions du passé, les pièges et les vulnérabilités.

- L'impact et l'image que dégage la personne.

- Les valeurs de vie, les éléments de satisfaction et d'insatisfaction dans une relation.

- Les critères de choix.

- Les attentes, besoins, degré d'intimité, scénarios de vie, implication, engagement.

- Les niveaux de risque dans une relation.

- Plan d'action.

- La communication : s'affirmer adéquatement.

Qui peut s'inscrire ?

Toutes les personnes qui sont prêtes à remettre en question leur vécu relationnel et à poser des gestes concrets pour améliorer la qualité de leurs relations et la gestion de leur cheminement amoureux.

Demande de renseignements

Si vous désirez obtenir des renseignements complémentaires sur les multiples services offerts par Transformation de la personne D.L.P., n'hésitez pas à nous écrire ou à communiquer avec nous à l'adresse suivante :

555, rue d'Auvergne
Longueuil, Québec
J4H 4A3
Tél.: (514) 674-8750
FAX : (514) 656-2275